Le Message des paléanthropiens
L'expérience originelle

Michel Thurler

Le Message des paléanthropiens

L'expérience originelle

Edition: BoD - Books on Demand

12/14 rond-point des Champs Elysées,

75008 Paris

Imprimé par Books on Demand GmbH,

Norderstedt, Allemagne

ISBN : 978-2-3220-2396-7

Dépôt légal : août 2013.

Seconde édition septembre 2017

TABLE

*«Je préfère le don précieux du doute qui laisse in-
tacte la virginité des choses qui nous dépassent»*
(Carl Gustave Jung)

AVANT-PROPOS

Les mythes de Création venus d'un lointain passé présentent en leurs variations de constantes similitudes sur le fond bien que les événements qu'ils décrivent soient évoqués par des symboles différents. Le présent exposé, rédigé sur le mode de l'hypothèse et de la spéculation, ambitionne précisément de cerner le sens emblématique de ces messages. Nous ralliant au consensus actuel, nous pensons que les allégories présentes dans ces récits traduisent les fonctions et les mouvements de la psyché de l'homme préhistorique en voie d'hominisation, alors que la paléo-psyché préconsciente s'éveille à la psyché consciente. Émanant d'un esprit de tradition naturaliste mais résolument allégoriste[1], les réflexions qui font l'objet de cet opuscule sont en partie inspirées par deux aspects d'une banale actualité : le flux des populations émigrantes convergeant vers l'Europe et les atrocités perpétrées par une faction radicale et inquiétante du fondamentalisme islamiste qui met en péril les bases de notre civilisation occidentale issue de la culture gréco-latine et du judéo-christianisme. D'où qu'il vienne, le fondamentalisme que le psychologue dénonce consiste à prendre les symboles pour des réalités, à considérer les instances psychiques comme des personnes réelles — les divinités, les anges, les esprits — et à localiser les situations psychiques dans des endroits concrets : l'enfer dans le sous-sol terrestre, le paradis terrestre au Moyen-Orient et le ciel dans un endroit caché du cosmos. Cela dit, la réflexion religieuse n'oriente en rien la thèse exposée ici : la conception de la nature humaine qui en est dégagée ne concerne pas l'âme humaine au sens spirituel, mais la vie réellement vécue par l'humanité depuis ses débuts et particulièrement sa psychologie. Si elles aboutissent dans leurs résultats aux mêmes conclusions que celles que professent les religions de salut par le sacrifice — et le christianisme en particulier — les opinions émises dans ce cahier ne font par référence à la métaphysique, leurs prémisses comme leurs débouchés ne relevant que du domaine de la psychologie. L'hypothèse psychologique n'autorise nullement, nous en convenons, le déni pur et simple d'autres explications à donner aux mystères de l'univers et de l'homme, de leur origine, de leur nature et de leur destin. Le monde de la physique quantique et celui des univers comportant plus de quatre dimensions pourraient receler des réponses à ces mystères. *Primum nihil denegare nec affirmare* — d'abord, ne rien nier ni affirmer —, telle devrait être la devise de celui qui doute, qui ne sait pas.

C'est donc dans les mythes cosmogoniques que nous pensons découvrir le fonctionnement et les mouvements de la psyché de l'homme ancestral. Pour les psychologues des profondeurs[2], ces fictions dévoilent dans leurs allégories les mécanismes qui ont transformé la paléo-psyché de nos lointains ancêtres lorsque apparut la conscience, conséquence de la séparation du moi et du hors-moi — je suis conscient de quelque chose qui n'est pas moi. Quant à la *chose* du chaos cognitif, cette non-entité participant du néant mental préconscient, non conçue et non nommée, inerte, sourde et muette, la chose en soi, *das Ding an sich* de la réflexion kantienne, son passage à l'être intrapsychique, bien conçu, bien formé et bien nommé, est restitué dans ces récits par la métaphore d'un affrontement entre un héros, symbole du *logos* naissant et un monstre, un dragon ou un géant, emblématique du chaos mental caractéristique de l'état psychique premier de nos ancêtres paléanthropiens.

Un auteur nous a livré quelque part cette réflexion d'une grande pertinence aux retombées inattendues : « Le mot engendre le meurtre de la chose », paraphrase reprise sous des formes différentes par G. W. F. Hegel, Jacques Lacan, Anika Lemaire et bien d'autres. « Le mot est la mort de la chose », « Le mot tue la chose ». Élargissant la portée de cette métaphore, nous considérons que le *meurtre* de la *chose* ou son *sacrifice* sont la condition de la *naissance* ou de la *création* de l'être intrapsychique en tant que contenu de la conscience et nous complétons la paraphrase comme suit : « Le mot tue la chose et crée l'être », formulation qui suscite, à n'en pas douter, maintes interrogations, surtout sa seconde partie. En effet, celle-ci court-circuite la problématique relative à la notion de l'être, à la définition et à la signification de ce concept. Nous tenons au passage à dissiper un malentendu, celui qui consisterait à voir dans notre aphorisme ainsi prolongé, l'intrusion d'un nominalisme totalement étranger à notre pensée. Au sens où nous l'entendons, le *mot* destructeur et créateur ne désigne pas uniquement l'élément du langage, mais le λογος, le *verbe* dans son acception la plus large et la plus générale, avec tout ce que ce terme englobe, c'est-à-dire non seulement la parole, mais aussi les processus cognitifs à l'œuvre dans les phases précoces de la transformation hominisante. Dans le registre de la psychologie de l'intelligence et de l'épistémologie dans sa conception constructiviste (voir note 25), rien ne permet d'alléguer que *le mot crée le concept* et cela en dépit de son potentiel de signification et de représentation. En revanche, sur le plan de la psychologie des profondeurs qui s'intéresse au mythe et à l'allégorie, et dans l'optique de la thèse adoptée dans cet essai, le *comportement du mot* — ou du verbe —, s'il est permis d'user de cette métaphore, se confond avec sa fonction de créateur de l'être. Libellé de façon plus conforme, l'aphorisme devient : *le verbe tue la chose et crée l'*être. Reconnaissant l'incontestable disparité qui sépare l'être de la chose, nous voyons entre eux, une incompatibilité et une irréductibilité foncières, le premier répondant à un contenu de la conscience, au conçu verbalisé, l'autre désignant une non-entité, absente de la conscience, non conçue et non dite.

L'aphorisme dont il vient d'être question pourrait recouvrir une réalité cachée dans les profondeurs de l'organisation de notre cerveau, commune à tous les hommes de toutes les langues et transmise par voie héréditaire. Il s'agit du *noyau fixe* langagier dont le linguiste Noam Chomsky postule l'existence et dont le fonctionnement consiste à relier un sujet à son prédicat[3], à la manière d'un syntagme. Comme une matrice associant les archétypes[4] extraits chacun de sa classe paradigmatique respective, ce noyau invariable serait le gestionnaire des mythologèmes[5], ou mythèmes, unités constitutives des récits mythologiques décrites par Claude Lévi-Strauss. Parmi les paradigmes nés aux origines, l'un englobe le héros victorieux, la divinité, les esprits initiateurs, la naissance, la lumière, symboles dont le signifié est le *verbe*. L'autre, opposé, regroupe le monstre à combattre, les ténèbres, l'abîme, les eaux abyssales, emblèmes du *chaos*. Les archétypes étant ainsi associés, l'aphorisme, ou le mythème, proposé plus haut et que nous qualifierons de primordial, ne ferait que traduire le déroulement de l'expérience originelle de la naissance de la conscience dont la psyché des premiers hommes fut le théâtre. Censé restituer les modalités de ce processus, il articule deux mythologèmes de forme sujet-prédicat : *le verbe tue la chose* ; *le verbe crée l'être*. L'accession à la conscience et au langage, événement originel fondamental et fondateur qui a révolutionné la paléo-psyché de nos ancêtres, aura ses répercussions sur notre psyché. La marque de cet épisode évolutif, restée à jamais dissimulée à la conscience, demeure enfouie au plus profond de notre inconscient collectif et ne peut être évoquée que par des images. Issu du noyau symbolique profond, ce complexe archétypique originaire exercera désormais une emprise contraignante sur la pensée symbolique inconsciente comme sur les comportements religieux et profanes de l'homme. Il préfigure et conditionnera les schèmes de séparation, de destruction et de renaissance salvatrice qui s'exprimeront en thèmes divers dans les mythes de Création. Inspirée de la psychologie des profondeurs, ou psychologie complexe pour reprendre l'expression de Carl Gustav Jung, l'idée que nous nous faisons de la création du monde ne peut donc relever que d'un processus mental sans référence aucune à une création *in concreto* dont personne ne fut le témoin. Les cosmogonies de toutes origines ne raconteraient pas la création des astres, des mers, des végétaux et des animaux, mais refléteraient les processus mentaux qui ont marqué le passage de la préconscience à la conscience, expérience que firent nos ancêtres aux temps des origines lorsque survint le phénomène mystérieux que l'on a appelé « hominisation ». Par son apparition dans la psyché d'animaux préhumains vivant dans la préconscience ou dans une conscience tribale collective, l'éclair de la conscience individuelle rayonna comme le *fiat lux* éblouissant de la Genèse, résultat de la séparation intrapsychique du moi et du hors-moi, c'est-à-dire de la différenciation du sujet et de l'objet.

Selon cette hypothèse, le héros des mythes, des légendes et des croyances, celui qui terrasse le monstre pour créer le monde ou sauver l'humanité n'est autre que le *logos* créateur de l'être, agent libérateur des ténèbres du non-conçu et du non-dit, du chaos ou du néant mental préconscient propre à l'état psychique premier. Le héros civilisateur, vainqueur du chaos personnifie dans les mythes le *verbe* dans lequel se récapitulent les faits de conscience, la pensée symbolique et le langage apparus dans la nuit des temps. La métaphore qui résume dans sa formulation cette conception de la création du monde peut être paraphrasée par cette autre de portée plus générale : *le* logos *tue le chaos et crée le cosmos*, le *logos* étant symbolisé dans les récits cosmogoniques par les héros et les dieux, le chaos incarné dans les monstres et les géants mythiques, le cosmos désignant notre réel mental organisé, bien formé, bien nommé cohérent et rassurant. Relevons que les concepts de *chaos* et de *cosmos* sont des notions psychogénétiques intrapsychiques, le monde extérieur physique n'étant ni chaos ni cosmos et n'étant que ce qu'il est. Nous serons amenés à parler, à cet égard, d'un *idéalisme inévitable* (voir note 25) puisque ce deuxième monde, le monde mental construit et représenté dans la tête de l'homme, n'est jamais en pure adéquation avec le premier, bien qu'ils demeurent constamment en étroite interaction. Toujours retouché, sans cesse remis en question, il n'est qu'un pâle reflet de l'original, voire une illusion pour certains. Ni la grille de lecture ni la carte ne sont le territoire.

Cet exposé se réfère à des citations de philosophes, de psychanalystes, d'historiens des religions, de linguistes et d'auteurs chrétiens, apôtres, pères de l'Église, évangélistes, dont certains ont été, par leurs écrits empreints d'allégorisme, les précurseurs de la psychologie des profondeurs.

LES COSMOGONIES, ALLÉGORIES DU FAIT ORIGINEL DE LA NAISSANCE DE LA CONSCIENCE

LA NAISSANCE DE LA CONSCIENCE

Les versions de la Création produites par les civilisations du monde entier sont légion comme celles qui émanent de la tradition religieuse, sans oublier la doctrine secrète issue de la mystique juive et reprise par la Kabbale. Le mystère insondable de l'origine de l'univers et de son sens a de tout temps intrigué savants, penseurs et philosophes. Quelle signification donner à l'homme, à sa vie, à son destin ? Pourquoi y a-t-il quelque chose plutôt que rien, se demandait Leibniz ? Le néant, le rien existent-ils ? Ont-ils un sens ? Nous pensons que le néant, le rien et le vide ont pour l'homme moderne un sens relatif. Ils renvoient à des notions psychologiques et ne s'opposent pas à un réel physique mais à la conscience d'un réel intrapsychique. Pour le précurseur de l'homme, ce rien et ce vide équivalaient au néant et au chaos de l'inconscience ou de la préconscience, caractéristiques de l'état psychique archaïque. Un monde était là mais non consciemment perçu. Privilégiant l'hypothèse d'un univers incréé, sans cause, éternel et infini, bien plus confortable pour son intelligence puisqu'elle élimine les questions insolubles de l'avant, de l'après et du plus-loin, nous spéculons qu'il y a eu, qu'il y a et qu'il y aura toujours quelque chose. Mais pourquoi ? Pour qui ?

Si le récit cosmogonique reflète sur le mode allégorique le processus de la naissance et du développement de la conscience, il rend alors compte d'une psychogenèse et d'une épistémogenèse. Ces dernières ayant transformé l'homme, elles ont été, par ce fait même, les artisans d'une anthropogénie. De plus, en révélant comment le monde a été créé et comment les choses du monde sont venues à l'être, cette cosmogonie mentale, origine de l'anthropogénie a engendré une ontogénie, au sens de la genèse psychologique de l'être. C'est en agissant sur les choses du monde et en les nommant que l'homme prend conscience de leur existence et les fait accéder au statut *d'être*, concept dont la notion n'a vraisemblablement été dégagée qu'à la faveur d'un effort radical d'abstraction. Après avoir successivement détaché toutes les propriétés et toutes les qualités de quelque chose que ce soit, le métaphysicien a discerné ce qui en subsiste en dernière analyse : une entité isolée et nue, déshabillée de tous ses attributs et qui n'est reconnaissable que par le fait qu'elle existe, son être, et par son nom. Retirer à cette entité ces caractères ultimes, c'est-à-dire éluder l'intervention de la conscience et du langage, revient à la priver de son essence et à la renvoyer au néant. Un point doit cependant être soulevé. L'être purement abstrait, dépouillé de ses qualités n'est pas concevable s'il n'est lié à un étant, porteur des propriétés que notre activité empirique nous fait découvrir. Selon la position phénoménologique de Sartre (*L'Être et le Néant*) : « Tout l'être est dans les apparences telles qu'elles se manifestent pour nous, c'est-à-dire dans les phénomènes [...]. L'être et les phénomènes sont une seule réalité [...]. La description des phénomènes d'être, puisque rien d'autre ne peut nous être accessible, met en lumière qu'ils ont tous ce caractère d'être avant d'être ceci ou cela, qu'il y a là la nature commune de tous les phénomènes mais toujours manifestée dans une configuration et une modalité particulières. Cette table, cette chaise, cet arbre qui m'apparaissent comme tels, *sont*, avant d'être une table, une chaise, un arbre. L'être n'est donc ni au-delà des choses telles qu'elles nous apparaissent, ni réduit à la sommation des phénomènes ; il déborde et permet le phénomène, il est transphénoménal » (Deponthieu citant Sartre, 1966, p. 21). Par cette comparaison, nous comprenons que le temps psychologique n'est pas un référentiel intrapsychique vide qui serait rempli par des contenus tels que matière en mouvement, événements successifs et phénomènes évolutifs. Nous présumons que, pas plus que le temps et pas plus que l'espace, l'être n'est un cadre vide. Il n'est rien sans l'étant. L'espace et le temps psychologiques sont créés par l'expérience qu'en a le sujet dans son interaction avec les objets du monde réel. Ils sont générés par l'activité du sujet capable de vivre la marche des phénomènes liés aux mouvements de la matière. L'être psychologique, ou l'être phénoménologique indissolublement lié à l'étant, est créé, quant à lui, par l'activité de la conscience. Une énigme demeure. Qu'en est-il de l'espace et du temps de la physique quantique, univers de la non-localisation et de la non-temporalité, où l'effet peut précéder la cause ? Nous ne doutons pas que cette question recevra un jour sa réponse.

L'AU-DELÀ DES MOTS

On considère communément deux niveaux d'interprétation d'une expression verbale ou écrite : son sens *exotérique*, littéral, et son sens ésotérique, symbolique ou allégorique, dégagé par l'interprétation non littéraliste des œuvres poétiques, des écrits sacrés et des paroles des grands penseurs et des prophètes.

Il existe un troisième niveau du langage comme de tout autre moyen d'expression, dans lequel se dévoile un *sens plus profond*, un symbolisme caché, étranger à toute sémantique, indépendant de la signification des mots, de la phrase et de la symbolique courante la plus apparente, sens qu'il faut traquer dans un au-delà ou en amont du langage et des symboles primaires, dans l'espace réservé aux arts qui s'expriment sans les mots. Que se passe-t-il au sein de notre psyché lorsque nous faisons acte de conscience et que nous en verbalisons le contenu ? Reprenant ce qui a été proposé plus haut, nous considérons que toute expression orale ou écrite, quelle qu'elle soit, tue la *chose* parce qu'elle l'élimine du champ du non-conçu et du non-dit, domaine du chaos et du néant pour la faire accéder à l'être. Nous souscrivons alors à l'expression de Jean-Paul Sartre qui écrit dans *L'Être et le Néant* que « l'être surgit hors de l'en-soi » [l'indéterminé, le chaos, le non conscient] qu'il *néantise*. Adhérant à cette formulation, nous avons préconisé un ajout à l'aphorisme proposé par l'auteur anonyme — *le mot tue la chose* —, conjecturant que l'acte de *néantisation* actualisé par le *Verbe*, lié ou non à la parole et quelle que soit sa forme, non seulement *tue la chose,* mais *crée l'*être.

Ce n'est donc pas dans la lettre, ni dans les allégories des récits mythologiques et des textes, mais dans ce troisième niveau vide de mots, au-delà des symboles dont ces récits et ces textes foisonnent, que le mystère du monde et le secret de la Création sont à rechercher. La question à poser est la suivante : de quoi les symboles sont-ils eux-mêmes le symbole si ce n'est d'un symbole antérieur caché ? Cette interrogation nous suggère que comme les mots de Wittgenstein, les symboles n'ont pas de sens propre, ils n'ont que des usages. L'abord de ce deuxième degré nous guidera dans une exploration plus profonde de notre psyché et permettra la mise au jour dans ses arcanes, des traces de l'expérience archaïque qui n'est autre que la naissance et le développement de la conscience, phénomène naturel à notre sens, régi par les lois de la psychologie et grâce auquel le monde est venu à l'être. Constitutifs d'un langage par nature symbolique, les mots et les procédés du langage sont autant de symboles qui *représentent* un réel. Ces derniers, n'ayant que des usages, sont devenus au cours des âges, des symboles de symboles, au énième degré. La démarche spéculative du présent essai nous a fait remonter le plus loin possible dans l'histoire de la pensée, jusqu'au symbole premier d'un événement primordial considéré comme fondateur. Remonter plus loin que cet événement, c'est-à-dire plus loin que la conscience et plus haut que le langage, conduit à l'impasse de l'impossible puisque cela revient à se heurter au mur de l'inconcevable et de l'indicible, et à se mettre dans l'incapacité de pouvoir exprimer quoi que ce soit, faute de contenus conscients et faute de mots. Toutefois, l'expérience originelle de la naissance de la conscience aurait laissé des traces indélébiles dans notre inconscient collectif sous la forme de résidus, matériaux de nos mythes de Création. Une interrogation subsiste. L'expérience originelle participe-t-elle d'un fonctionnement général de l'univers ? La psyché humaine, en sa manière de procéder, est-elle un reflet de quelque entité contraignante qui la transcende ? Obéit-elle au rythme binaire destruction/construction, mort/renaissance[6] qui régente le monde ? Ou ce fonctionnement universel n'est-il qu'une projection sur le monde extérieur du fonctionnement de notre psyché ? En d'autres mots, le macrocosme impose-t-il ses structures et ses lois au microcosme qu'est l'homme pensant ? Ou est-ce la psyché humaine qui projette les siennes sur l'univers ? Mais d'où viendraient alors ces lois, sinon de l'univers ?

Dans *L'Être et le Néant*, J.-P. Sartre développe sa dialectique de l'être en-soi et de l'être pour-soi, inéluctablement exclusifs et irréductibles l'un à l'autre. L'*en-soi* est censé désigner le non-conçu, le non-dit, le non-conscient, habituellement appelé le « hors-soi » ; le *pour-soi* définit le conçu, le dit, le contenu de la conscience. L'*en-soi* prétendument situé à l'extérieur est en fait intrapsychique en tant qu'objet de pensée ou qu'hypothèse de travail. À la différence de l'objet, la chose en soi ni dite ni conçue n'est reliée à aucun concept, ce qui la prive de l'existence psychique autant que de sens et la condamne à l'anonymat, faute de mot qui puisse évoquer ce concept inexistant. Pour l'homme contemporain, le terme *en-soi* se rapporte à ce qui est indépendant de sa conscience et de son langage, mais qui, bien entendu, abstraction faite du concevoir et du dire, existe dans le monde extérieur. De notre point de vue, le terme *d'êtres* s'applique aux entités conçues, connues, bien formées, bien nommées, au *pour-soi*. Nous ne saurions pour notre part, qualifier d'être ce qui n'est pas encore conçu ni nommé — l'être en-soi de Sartre — et qui répond à la définition du chaos indifférencié, du néant psychique, du non-être que nous appelons *chose*. L'auteur de *L'Être et le Néant* dit que « l'être surgit hors de l'en-soi » [le non-dit chaotique] pour devenir une réalité *pour-soi*. La chose est, selon l'expression de ce penseur, *néantisée* dans l'*en-soi* pour devenir une connaissance *pour-soi*. « Le langage et la conscience de l'homme sont le lieu où se néantise l'en-soi et où naît le pour-soi. » [La concomitance de la néantisation de l'en-soi et de la naissance du pour-soi évoque une implication réciproque. Créer implique tuer et tuer c'est créer ; les termes antinomiques de ces propositions ayant des allures de synonymes métaphoriques]. « Le pour-soi est l'acte singulier de néantisation d'un en-soi particulier par quoi advient la conscience qui a fait exister l'homme comme tel. » [Le surgissement de la conscience hors de l'en-soi la fait exister en même temps qu'il élimine la chose de l'en-soi]. « Le pour-soi se détermine perpétuellement à n'être pas l'en-soi. » Si nous avons compris ce « surgissement de la conscience hors de l'en-soi pour devenir une réalité pour-soi » dont parle l'auteur de *L'Être et le Néant*, alors la métaphore que nous proposons en guise de formule de la création mentale du monde ne doit pas être très éloignée de la pensée du philosophe existentialiste. La naissance du cosmos passe par l'anéantissement de la *chose* du chaos.

DE LA PALÉO-PSYCHÉ À LA PSYCHÉ DE HOMO SAPIENS

UNE COSMOGONIE MENTALE

La thèse d'une cosmogonie mentale serait accréditée par les premiers mots de *La Genèse* : *Bereshit bara Elohim*, expression hébraïque traduisible par « dans la *tête* » (*rosh*), « sur le mode de *l'esprit* » ou « dans le *principe*, les dieux (*Heloïm*) venus du ciel (les esprits) créèrent », étant admis par ailleurs que le principe suppose un axiome premier, *commencement* du raisonnement. Le texte de *La Genèse* dit que les dieux créèrent le monde après avoir consulté la Torah, ce qui confirme la prééminence et l'antériorité d'un modèle cérébral. Fait reconnu, la tradition judaïque accorde une importance et une vénération sans égale à ce qui est *dit*, à la révélation de la Torah « élevée au rang d'une réalité absolue et éternelle, modèle exemplaire de la Création » (Eliade). Pour la psychologie des profondeurs, le récit de *La Genèse* relate le déroulement d'une psychogenèse, c'est-à-dire la transformation évolutive de la psyché d'un collectif préhumain, d'un précurseur dont l'éclair de la conscience a illuminé le monde. Nouveau venu sur terre, ce précurseur fut considéré comme le Grand Ancêtre, comme l'Homme primordial, l'Esprit initiateur, l'Homme lumière, l'Être surnaturel, etc. L'expérience originelle qu'il vécut a fait sortir le monde du chaos, l'a *cosmisé* selon l'expression d'Eliade, l'a rendu intelligible et rassurant. En le percevant, les premiers hommes découvraient la cohérence sacrée de leur esprit en même temps qu'ils pressentaient celle du cosmos. Condition de l'apparition de la conscience, la séparation du *moi* et du *hors-moi* a mis un terme à l'état d'obscurité initiale dans lequel l'*en-soi* et le *pour-soi* étaient confondus, état psychique qualifié par C. G. Jung d'*identité archaïque*, sujet et objet n'étant pas encore différenciés. Étant entendu que le sujet et l'objet sont dans la tête de l'homme, par définition, il n'est de sujet que connaissant un objet et il n'est d'objet que connu d'un sujet, de sorte que dans le monde extérieur à notre psyché, il n'y a pas plus d'objets que de sujets, il n'y a que des choses. Les mythes cosmogoniques ont traduit de façon allégorique la *fracture épistémologique* qui a séparé le moi et le hors-moi, c'est-à-dire le sujet et l'objet. Venus des civilisations des temps anciens, ils invoquent de manière symbolique et imagée l'existence d'un chaos initial, la *séparation* ou la *destruction* d'une entité *informe*, *indifférenciée*, *sans nom*. Le dragon Rahab symbolise dans la tradition babylonienne et hébraïque la profondeur hostile du chaos ou de l'océan cosmique primordial (l'abîme Tehom de la Bible) (Paul A., *Dragons et religion*, Encyclopædia Universalis). Béhémoth, la Bête par excellence, monstre mythique d'origine également babylonienne est associé à Léviathan. À eux deux ils représentent les deux monstres primordiaux du chaos, Tiamat et Kingu (Paul A., *Béhémoth*, Encyclopædia Universalis). Le *chaos*, le vide, le néant, l'éther primordial, les eaux primordiales, les ténèbres, l'océan informe et l'abîme sombre sont autant d'images désignant la vacuité de l'état premier du psychisme archaïque. Ce chaos initial sera le théâtre d'une *séparation* et d'une des*truction* intrapsychiques que les mythes symboliseront par la séparation des eaux d'en haut et des eaux d'en bas, par la désunion des parents primordiaux, par la brisure de l'œuf primordial, par le démembrement subi ou consenti d'un dieu dont les différentes parties serviront à la création du monde. Citons pour exemples, le don du corps divin du *Purusha alias* Prajâpati dans la tradition hindoue, le démembrement d'Ymir, le Géant primordial ancien germain dépecé par ses fils et qui donne naissance à deux mondes : le ciel et la terre. Usant de l'allégorie de la séparation, ces thèmes mythologiques racontent tous la création du monde par la naissance de la conscience. Il en va de même de l'image de la fission de l'éther, principe de la Création utilisée dans *La Couronne royale*, un écrit de Salomon Gabirol, rabbin, poète et philosophe juif andalou (1020-1057). L'auteur symbolise la séparation créatrice d'une manière énigmatique par la déchirure d'une entité indistincte, l'éther primordial d'où sortit la *Hokma* — sagesse, connaissance — précédée de la *lumière merveilleuse* — la conscience — : « Et il est dit à ce sujet qu'avant que le monde eût été créé et avant que fût créée quelque créature en son sein, l'éther primordial était unique, et du fond de sa sublimité ne penchait vers aucun côté [l'immobilité ou l'indifférenciation psychique initiale]. Et la force de Dieu était cachée en lui, son *kabod* [gloire] n'était pas du tout connaissable, avant que cet éther ne se fendît [séparation] et que Sa Splendeur ne se manifestât. En cette heure-là, il produisit une puissance et l'appela *Hokma* primordiale [connaissance, conscience, sagesse[7]]. La connaissance de l'éther primordial et de la façon dont Sa Création est née n'a pas été révélée, même à notre Maître Moïse. » (*Yesira*, métaphore poétique d'une *fissure du néant dont Dieu a fait sortir l'Être*, citée par Gershom G. Scholem [1966, p. 360-361]).

Au titre de composantes de la psyché, nous voyons dans les héros des mythes cosmogoniques les personnifications anthropomorphisantes du *Verbe*, et nous reconnaissons dans leurs adversaires, les monstres et les démons, allégories de la *chose* du chaos mental préconscient. Ce constat est valable pour les cosmogonies de toute la planète, de l'Inde à la Mésopotamie, de la Perse à l'Ancienne Égypte, de la Chine et du Japon au monde gréco-romain, des deux Amériques et des pays amérindiens aux Nouvelles-Hébrides, etc., c'est-à-dire pour les mythes de civilisations séparées par le temps et par la distance, sans communication possible entre elles, ce qui plaide pour une configuration et une activité cérébrales partout identiques de l'homme universel[8]. Les héros, les grands ancêtres, les esprits initiateurs, les dieux mythiques ainsi que leurs substituts historiques, hommes-dieux des religions de salut qui en ont pris le relais et qui sont passés de l'histoire dans le mythe, Mithra, Saroyant et Jésus, nouvel Adam selon l'apôtre Paul, personnifieraient les efforts, déployés aux origines, de notre conscience créatrice et organisatrice du cosmos aux prises avec nos obscurités et notre vacuité mentale.

LA CRÉATION EST SYNONYME DE SALUT PAR LE SACRIFICE

Le mythologème primordial que nous proposons résume, dans une perspective purement naturaliste, la synthèse des notions de *sacrifice*, de *création* et de *salut ou de délivrance* symbolisées de différentes manières dans leurs archétypes respectifs. Sacrifice : la *chose* du chaos préconscient ou inconscient est *néantisée* ; salut : elle est sauvée du néant et du chaos préconscients ou inconscients en vue de son accession à l'être ; Création : par ce sacrifice salvateur elle est amenée à l'être, le démiurge de cette création-salut par le sacrifice n'étant autre que le *verbe*. Les mythologies cosmogoniques et les religions dites *de salut par le sacrifice* ont apparemment pressenti cette structure ternaire dans leur interprétation symbolique de la Création. Dans les traditions religieuses, à l'ère du Taureau, il y a quatre mille ans, la mise à mort de la *Bête* est devenue celle du taureau, accomplie par le dieu perse Mithra[9] dans le but de sacrifier les instincts liés à la composante animale de l'homme. La notion de salut manifestée au niveau archétypique va rebondir sur l'individu faillible destiné à être sauvé et sur l'humanité entière en marche vers une spiritualisation qui l'éloigne d'un retour contre-évolutif vers l'animalité ancestrale. Si notre hypothèse devait avoir quelque chance d'être fondée, il ne serait pas nécessaire de recourir à des considérations métaphysiques ni au surnaturel pour dégager le sens de ces trois concepts qui découlent de l'exploration des recoins cachés de notre psyché profonde et des lois de la psychologie. Le mystère du monde, de l'homme et de son destin n'en serait pas pour autant résolu. Ses limites ne seraient que reculées.

COMBATS SINGULIERS ET AFFRONTEMENTS COLLECTIFS

Les mythes cosmogoniques mettent en scène des figures emblématiques du chaos qu'affrontent dans des combats épiques, les héros, symboles de la conscience et de la lumière : Asaf, le monstre sumérien terrassé par Ninurta, Tiamat, monstre babylonien à caractère maternel et chtonien, coupé en deux (*séparation*) par le dieu Mardouk, le dragon hindou Vrita abattu par Indra, le plus grand des dieux de l'Inde, Apophis, le dieu-serpent égyptien luttant chaque nuit contre le dieu Rê, et le monstre Typhon tué par Zeus. Ces combats singuliers deviennent dans certaines épopées et légendes des affrontements entre deux collectifs. Le célèbre poème épique indien du *Mahâbhârata*[10], ainsi que d'autres épopées mettent en scène des armées qui s'opposent en des combats sans merci. De telles confrontations ont été reprises avec la même symbolique dans l'épopée de Tolkien, *Le Seigneur des anneaux* et dans *La Bataille des cinq armées* adaptés au cinéma par Peter Jackson.

LES DESCENDANTS DES PALÉANTHROPIENS RÉPÈTENT L'EXPÉRIENCE ORIGINELLE

Le processus séparatif intrapsychique, condition de l'apparition de la conscience, fut pour l'homme primitif en voie d'hominisation une expérience laborieusement vécue, expérience que chacun de ses descendants revivra. Pour décrire les débuts de la vie du petit de l'homme, les psychologues contemporains font état d'une indifférenciation initiale entre le *moi* et le *non-moi* extérieur (*hors-moi*), appelée aussi « égocentrisme radical » — mais sans un égo conscient comme le relève Piaget —, synonyme de l'identité archaïque du sujet et de l'objet. Le nourrisson qui vient de naître ne se connaît pas encore en tant que sujet et ne fait aucune différence entre les parties de son corps et les objets extérieurs. Cet *adualisme* va vraisemblablement durer jusqu'au moment où un *moi* sera construit en opposition avec celui des membres de l'entourage de l'enfant (Piaget, 1970, p. 11 et *sq.*) Le chaos initial prendra fin par la *séparation* du moi d'avec le monde extérieur et le bébé pourra se lancer à la conquête du monde et *construire son réel*, en commettant son premier crime épistémologique, sa première injure envers l'Un. Freud a également observé une *rupture* au moment du sevrage du bébé, entre un état de béatitude paradisiaque précédant l'étape du vécu soumis au régime de la conscience. Dans un prochain chapitre se référant à l'ouvrage d'A. Lemaire, il sera également question de la division ou *fente* de l'être — *Spaltung* freudienne — postulée par le psychanalyste J. Lacan qui décrit la séparation du soi originaire, le psychisme le plus intime, d'avec le sujet du discours, du comportement et de la culture, lorsque l'enfant, à son entrée dans la société des hommes aux environs de l'âge de deux ans, y est assujetti par l'ordre symbolique et le langage.

La séparation qui détermine l'avènement de la conscience peut aussi être dépeinte comme faisant suite à une *singularité*[11] analogue à celle qu'invoquent les physiciens glosant sur les débuts de l'univers. Ce moment supposé zéro n'est cependant pas survenu dans une pure vacuité au sein de la paléo-psyché préhumaine déjà dotée d'une fonction symbolique, d'une intelligence et d'une conscience animales ainsi que d'autres fonctions méconnues. Au moment de l'expérience originelle ont été créés l'être, l'espace et le temps psychologiques en même temps que la subjectivité, apanage d'un sujet individuel distinct des autres personnes et de tout ce qui l'entoure. L'être et le monde ayant été délivrés du néant, la notion de salut qui va conditionner l'éthique de l'humanité revêtira un caractère sacré. C'est dans cette perspective sotériologique non consciemment perçue que les sociétés archaïques devront conférer le sceau de la sacralité à l'avènement extraordinaire de la conscience, à l'être, au cosmos entier.

RAPPEL DES ÉTAPES DU PROCESSUS CRÉATEUR SELON ELIADE

Pour saisir le sens des mythes de Création, nous sommes remonté jusqu'au fait originel que nous avons considéré comme fondateur. Matérialisé par un noyau symbolique profond, ce mythème primitif associe selon la forme sujet-prédicat, les archétypes correspondant aux résidus de l'expérience originelle et serait à l'origine de la structure syntagmatique des mythèmes cosmogoniques : *le héros Indra tue le monstre Vrita. Les fils d'Ymir (le Géant primordial ancien germain dépecé) le démembrent ce qui donne naissance à deux mondes : le ciel et la terre. Mardouk tue Tiamat*, etc.

Dévoilé par la symbolique de la plupart des cosmogonies, le processus de la naissance de la conscience se déroule habituellement, selon un programme quasi invariable : au sein d'un *chaos initial indistinct* survient une *séparation* (différenciation), puis une *destruction* et une *création*. À récapituler ces différents thèmes mythologiques, le psychologue est amené à remarquer leur parenté avec les processus psychiques dont ils sont le reflet. Chaque thème est évoqué dans le mythe par une classe paradigmatique archétypique qui en réunit les équivalents symboliques.

Nous trouvons le thème du chaos initial, du néant ou du vide, évoqué par l'informe et l'indifférencié, l'éther primordial, les figures de divinités androgynes[12] (non différenciées), les parents primordiaux « si étroitement unis que la mère est dans l'impossibilité d'enfanter » (Marie-Louise von Franz), l'œuf primordial indifférencié, les ténèbres, l'abîme, les eaux indistinctes.

Ce thème et le paradigme des symboles qu'il utilise désignent l'état psychique initial indifférencié des premiers hommes, l'inconscience ou la préconscience propres à la paléo-psyché, l'identité archaïque de C. G. Jung.

Un autre thème est celui de la séparation des éléments ou de celle d'un monstre, d'un géant primordial, des parents primordiaux, de l'œuf primordial, des eaux, de l'éther inconsistant ou des figures mythiques démembrées, coupées en deux.

C'est l'allégorie de la séparation du moi et du hors-moi, du sujet et de l'objet, la naissance de la conscience, la découverte du monde, sa *création* psychique.

Enfin, le thème de la destruction de figures mythiques, de meurtres, de mises à mort fictives lors des rituels d'initiation, de tortures des néophytes, de mort sacrificielle subie par une divinité (Ymir germanique) ou consentie à la manière d'un don de soi : l'hindou Purusha alias Prajâpati.

C'est au sens sartrien, l'allégorie de la *néantisation* du chaos mental initial en vue d'une *création*. Rien n'est créé sans une destruction ou un sacrifice préalable.

Le thème de l'agent séparateur renvoie au héros, vainqueur constant, à la fois destructeur et créateur : c'est celui de l'homme primordial, l'Adam Kadmon identifié au *filius philosophorum*, forme ancienne de l'ἄνθρωπος φωτεινος, l'Homme lumière, l'homme astral de Paracelse, le dieu ou le héros sauveur qui a vaincu le dieu maléfique ou le monstre du chaos.

Il s'agit du dispensateur de la lumière de la conscience, le *logos* créateur du monde.

L'EXPÉRIENCE DE MORT IMMINENTE (EMI) OU THE NEAR DEATH EXPERIENCE (NDE), UN VESTIGE DE LA PALÉO-PSYCHÉ ?

La paléo-psyché, stade précurseur de la psyché constituée d'*Homo sapiens* pourrait avoir laissé des vestiges décelables dans le phénomène mystérieux connu sous le nom d'*expérience de la mort imminente* qui dissimulerait un processus de régression possible à la psyché archaïque et une activation des plus anciens archétypes apparus il y a fort longtemps dans l'esprit des hommes des premiers âges. Ces EMI, au cours desquels la conscience est totalement modifiée, se produisent souvent à la suite d'un traumatisme ou au cours d'une réanimation, d'un coma ou sous l'effet d'une anesthésie générale, d'usage d'hallucinogènes ou sous hypnose.

Les *expérienceurs*, ainsi nommés par les chercheurs, donnent dans leurs récits deux versions différentes et opposées du phénomène. Certains disent être revenus de l'enfer, d'autres des portes du paradis. Les premiers parlent de visages hideux, de plaintes lugubres, de cris de souffrance, de gens brûlant dans des lacs enflammés. De cet au-delà macabre, ils rapportent les mêmes visions qu'ont immortalisées des peintres célèbres : les quatre fleuves de feu de Giotto, la figure effrayante du satan bestial de Francesco Traini, les corps entassés et se tordant dans les tourments de la fresque du *Purgatoire* de Jérôme Bosch. Ces visions correspondraient aux images archétypiques héritées de spectacles effrayants dont ont été témoins les hommes de la Préhistoire : éruptions volcaniques, incendies de forêts, déluges, orages, tornades, attaques de bêtes fauves, etc. Cet aspect infernal du phénomène EMI est beaucoup plus rarement rapporté par les sujets de cette catégorie, réticents à en parler. Ils éprouveraient de la honte et un sentiment de culpabilité eu égard à une vie non exemplaire et ratée. À l'opposé, la plupart des témoignages évoquent un état paradisiaque fait de paix, de bonheur parfait et d'amour absolu.

Des récits rapportés par les *expérienceurs* de cette deuxième catégorie, les plus nombreux, les observateurs ont retenu les points suivants quasi constants :

1. les sujets sont projetés dans une *autre réalité* impossible à décrire ni à verbaliser. « Il n'y a pas de mots » disent-ils. La régression remonterait-elle en amont de l'apparition langage ? Ils baignent dans une lumière mystique et dans la béatitude...
2. les sujets de cette expérience se souviennent de rencontres avec des ancêtres et des parents décédés avec lesquels ils ont dialogué. Le phénomène serait en relation avec le culte des ancêtres, prépondérant au stade primitif ;

3. la présence d'un être de lumière qui dégage bonté et amour, Jésus, Bouddha ou Krisna selon la culture de l'*expérienceur* serait une réminiscence de l'image archétypique de l'homme primordial confondu avec le grand initiateur ;

4. plongés dans les ténèbres et le silence d'un long tunnel, ils sont propulsés vers une clarté fascinante qui les attire à l'extrémité de ce couloir. Les teintes s'éclaircissent, les senteurs se précisent au fur et à mesure de leur progression. S'agit-il du tunnel de la préconscience menant à la conscience ? Les sujets doivent choisir entre demeurer dans cet univers paradisiaque ou renaître. Ceux qui ont survécu ont fait le choix de renoncer à « l'océan d'amour » dans lequel ils baignent et de retourner dans leur corps ;

5. certains sujets font état d'un phénomène des plus troublants, la décorporation. Durant l'expérience, ils sortent de leur corps qu'ils peuvent observer de l'extérieur, de même qu'ils peuvent distinguer des détails de leur environnement, même ceux qui sont situés hors du champ visuel du corps qu'ils ont quitté. Ces états modifiés de la conscience auraient, selon certains auteurs leur explication dans la conception de *l'unus mundus*, une théorie holistique de la matière et de la psyché, vues comme les deux faces d'une réalité unique. Invoquée par la physique quantique, cette hypothèse suggère que la matière et la psyché seraient régies par un coordinateur supérieur. Selon d'autres hypothèses, la conscience ne serait pas une

production de notre cerveau dans lequel elle serait localisée mais serait située ailleurs dans l'espace-temps, le cerveau ne jouant que le rôle de récepteur.

On a rapporté que certains individus contemporains, des Indiens d'Amérique et des aborigènes australiens, pouvaient se transporter mentalement à des kilomètres et raconter ce qui s'y passait en violation des règles de l'espace-temps. Ce phénomène insolite n'est pas sans évoquer celui de la synchronicité[13] décrit par C. G. Jung et laisse planer le doute sur la localisation de la conscience. Le sujet aurait accès dans ces cas-là à une conscience universelle, celle de l'*unus mundus*. Ces facultés extraordinaires seraient-elles assujetties à des aires cérébrales conservées intactes chez ces sujets et que l'ancêtre de l'homme aurait perdues au seul profit de localisations spécifiques destinées à l'exercice de certains aspects de la conscience individuelle et au langage parlé ?

LA CRÉATION PAR LA PENSÉE ET PAR LA PAROLE

Divinité de l'Ancienne Égypte, le roi ou le dieu Ptah crée par la pensée et par la parole. De même, Prajâpati, divinité hindoue souvent assimilée au Géant Purusha, a pour origine non un dieu mais la pensée. Sa démiurgie a consisté à engendrer les dieux et les créatures. Et comme celles-ci demeuraient *confusément unies*, il entra en elles par la *forme*. C'est pourquoi on dit : « Prajâpati est la forme. » Puis il entra en elles par le *nom*. C'est pourquoi on dit : « Prajâpati est le nom. » (Guirand F., Schmidt J., p. 117). Comment ne pas reconnaître en cette figure divine le Verbe créateur de formes et de noms ?

Nous extrayons de la *Pistis Sophia* copte (Scholem G., p. 40-41), cette citation : « Les six directions du ciel sont scellées au moyen des six permutations de son grand nom Yaho ou Yao — en hébreux YHW, les trois consonnes qui appellent les voyelles *i*, *a*, *o* — [...] Jésus prononce *ce nom* en se tournant vers les quatre coins du monde [...]. Le scellement des six directions de l'espace au moyen des permutations des voyelles du *nom Yao* correspond à l'idée que ce nom est le maître des quatre directions du monde, donc le maître du cosmos. » Cette allégorie rappelle la figure du dieu créateur aux quatre visages du panthéon hindou, Brahmâ l'omniscient, puisque son regard porte sur les quatre directions de l'espace. Scholem (*ibid.*, p. 41) cite encore un passage de la cosmogonie du papyrus de Leyde : « La Terre s'est recourbée quand le Serpent pythique [*le chaos psychique de l'homme*] est apparu, et s'est formidablement cabrée. Mais le pôle du Ciel est resté ferme, bien qu'il risquât d'être heurté par elle. Alors Dieu [le *Verbe*] dit : "Yao" et tout s'est raffermi, et un grand Dieu [le *Verbe*] est apparu, le plus grand, qui a mis en ordre ce qui était auparavant dans le monde et qui y sera, et rien du règne de la hauteur [*l'esprit, la conscience*] n'était plus sans ordre. » [La stabilité du cosmos mental de l'homme était acquise.]

Dans la mythologie polynésienne, les paroles cosmogoniques d'un dieu séparent les eaux et créent le monde. « Il n'existait, au commencement, que les eaux primordiales et les ténèbres. Io, le Dieu suprême, exprima le désir de sortir de son repos. Aussitôt apparut la *lumière*. Puis il *sépara* les eaux par la puissance de sa pensée et de ses paroles, et créa le ciel et la Terre. Il *dit* : "Que les eaux se séparent, que les cieux se forment, que la Terre devienne !" » (M. Eliade, 1987, p. 46).

Jean, psychologue des profondeurs avant la lettre, propose dans le prologue de son Évangile un véritable scénario cosmogonique : « Au commencement était le Verbe et le Verbe était Dieu. Par lui tout a paru et, sans lui, rien ne serait paru de ce qui est paru. En lui était la vie et la vie était la lumière des hommes, et la lumière brille dans les ténèbres et les ténèbres ne l'ont pas saisie [...]. Le Verbe était dans le monde et le monde par lui a paru, et le monde ne l'a pas reconnu. Il est venu chez les siens et les siens ne l'ont pas accueilli [...]. Il a dressé sa tente parmi nous. » [Personne ne l'a reconnu alors que la psyché profonde de chacun des mortels abrite cette lumière intérieure, héros de l'expérience originelle, le verbe vivant.] Pour l'intuition introspective de l'évangéliste, la lumière de la conscience est un attribut de la vie. Jean-Baptiste témoigne à son sujet : « Celui qui vient après moi a existé avant moi car avant moi il était. » La lumière et la vérité dissimulée dans le Verbe — sacrifice de la chose sauvée du néant — remonte à l'avènement de la conscience humaine, survenu bien avant la naissance de Jean-Baptiste et avant celle historique de Jésus, Verbe divin chrétien. Selon cette interprétation, le Christ était symboliquement présent au sens *paulinien* à la création du monde, à sa fondation au début des temps, lorsqu'apparut la conscience créatrice dans la psyché de l'homme préhistorique. La vérité que l'homme-dieu incarne est illustrée par les aléas de sa vie et de son destin, allégories de l'expérience originelle vécue par l'homme primitif — sacrifice, mort, résurrection, salut. L'apôtre des Gentils dit encore de lui : « Le Christ était présent au commencement du monde, et il a participé à sa Création. » « Premier-né de toute la Création, il est, lui, avant toute chose. En lui, tout a été créé. » (Épître aux Colossiens). Le Credo de Nicée-Constantinople dit de lui : « *Ex Patre natum ante omnia saecula.* » Conformément à l'hypothèse exprimée dans cette étude, plus proche de l'allégorèse que de l'exégèse, il s'agit de la création psychique opérée par l'expérience originelle de la naissance de la conscience que le mythologique et le symbolique ont projeté sur la figure du Christ *natum ante omnia saecula*, présent virtuellement à la Création. Par sa vie et par sa mort, il incarnera, de manière symbolique, le scénario de cette expérience.

Dans son Apocalypse, l'évangéliste prophétise un retour au chaos à la fin des temps, la réapparition de la *Bête* et la venue des quatre cavaliers arrivant des quatre directions de l'espace, galopant vers le centre du monde d'où tout est parti — la naissance de la conscience —, donnant l'impression d'un mouvement de nature implosive, d'un film de la Création passé à l'envers. L'intuition de l'évangéliste pressentirait-elle un retour au chaos mental de l'homme, c'est-à-dire une altération grave de la conscience, signes d'une régression involutive de l'espèce humaine ou ferait-elle allusion à la disparition pure et simple de cette dernière, menacée qu'elle est par les innovations aventureuses du génie génétique, de l'intelligence artificielle et par son *métissage* avec la machine (cyborgs) ?

LA RECRÉATION
LES RITUELS EN USAGE DANS LES SOCIÉTÉS
ARCHAÏQUES, LEUR SENS ET LEUR RÔLE
SELON MIRCEA ELIADE

POURQUOI LES RITES ?

Comme les langues et les habitudes, les connaissances et les faits de conscience ne sont pas transmis par voie héréditaire, contrairement aux formes archétypiques de l'inconscient collectif qui se conservent de génération en génération. Il était donc impératif pour les sociétés archaïques que la culture assurât la prise en charge de la transmission de ces valeurs à la descendance par un relais fiable, celui des rituels, dont l'un des buts, pour ce qui concerne les rites cosmogoniques, était d'entretenir et de renouveler la cosmogonie, c'est-à-dire de conserver et de raviver le processus psychique dont cette cosmogonie est l'allégorie. Tout rituel se réfère à un mythe qui le sous-tend. En accomplissant un rite associé à un mythe cosmogonique, l'homme des sociétés archaïques devait mentalement réitérer l'expérience originelle telle qu'elle s'est déroulée dans la psyché des grands ancêtres qui ont créé le monde, leur monde mental, le seul dans lequel ils pussent vivre. En réactualisant la cosmogonie par le rite, l'homme primitif répétait et régénérait l'un des événements majeurs de l'hominisation, la cosmogonie mentale c'est-à-dire le processus psychologique de la naissance de la conscience. Les sujets des tribus primitives que l'on interroge sur le sens de leurs rituels répondent invariablement : « Nous devons faire ce qu'ont fait les dieux au commencement ; ainsi ont fait les dieux, ainsi font les hommes. »

LE SACRE D'UN ROI QU'ON CÉLÉBRAIT AU NOUVEL AN : UNE RÉNOVATION DE LA COSMOGONIE APRÈS UN RETOUR SIMULÉ ET PROVISOIRE AU CHAOS PRÉCOSMOGONIQUE

(D'après M. Eliade, 1976, t. I, p. 235 et *sq.* et 1998, p. 69 et *sq.*)

« Le renouvellement du cosmos s'opère souvent au Nouvel An, qui inaugure une nouvelle ère temporelle. La *renovatio* effectuée lors de ce rituel est une rénovation de la cosmogonie. « À Babylone, au cours de la cérémonie *akîtu* qui se déroulait les derniers jours de l'année et les premiers jours du Nouvel An, on récitait solennellement le poème de la Création, *l'Enuma elish*, moyen par lequel on réactualisait le combat entre Marduk et le monstre marin Tiamat, qui avait eu lieu *ab origine* mettant fin au chaos par la victoire du dieu Marduk. Ce dernier avait créé le cosmos avec les morceaux du corps déchiqueté de Tiamat et l'homme avec le sang du démon Kingku, principal allié de Tiamat [...] Le combat entre Tiamat et Marduk était mimé par deux groupes antagonistes de figurants au cours d'un cérémonial que l'on retrouve, dans le cadre du scénario dramatique du Nouvel An chez les Hittites, chez les Égyptiens et à Ras Shamra (Ougart). Cette lutte répétait le passage du chaos au cosmos et actualisait la cosmogonie. L'événement mythique redevenait *présent* : « Puisse-t-il continuer à vaincre Tiamat ! » s'exclamait l'officiant. Le combat, la victoire et la Création avaient lieu *en cet instant même, hic et nunc* [...]. Au cours de la cérémonie, le roi était humilié et frappé au visage, signe de la régression du monde au chaos précosmogonique. En tant que représentant du peuple devant les dieux, il expiait les péchés de ses sujets et parfois il était mis à mort. »

« Dans le cérémonial israélite du Nouvel An conservé dans le culte jérusalémite se retrouve le rituel joué par le roi dans la commémoration du triomphe de Yahvé, chef des forces de la lumière sur les forces des ténèbres, le chaos marin symbolisé par le monstre primordial Rahab. La mise à mort du monstre et la victoire sur les eaux informes équivalaient à la création du cosmos et en même temps au salut de l'homme. Cette réactualisation de la cosmogonie implique la reprise du temps à son commencement, c'est-à-dire la restauration du temps primordial, du temps *pur*. Aussi, au Nouvel An, procède-t-on à des *purifications,* à l'effacement des péchés, à l'expulsion des démons et à celle d'un bouc émissaire. Il s'agit d'*abolir* l'année passée et le temps écoulé. Le sens des purifications rituelles est celui d'une *combustion*, d'une *annulation* des fautes de l'individu et de sa communauté [...]. Le temps destructeur était le temps profane, la durée proprement dite qu'il fallait abolir pour réintégrer le moment mythique où le monde est venu à l'existence, baignant dans un *temps pur, fort et sacré*. Les rites d'abolition du temps profane signifiaient une sorte de fin du monde simulée par l'extinction des feux, par le retour des âmes des morts porteurs de masques symboliques, par la confusion sociale, le relâchement des liens sociaux, la licence érotique, les excès orgiastiques, etc., qui figuraient la régression du cosmos dans le chaos (cf. les rites du carnaval chrétien précédant la fête de Pâques et de la Résurrection). Le dernier jour de l'an, l'univers se dissolvait dans les eaux informes primordiales. À Babylone, le monstre marin Tiamat, symbole des ténèbres, ressuscitait et redevenait menaçant. Le cosmos était annulé. Une *dé-cosmisation* était réalisée provisoirement et de façon passagère. Le monde qui avait existé durant toute l'année disparaissait réellement et Marduk était forcé de le recréer après avoir une nouvelle fois vaincu Tiamat [...]. En participant à l'anéantissement et à la recréation du monde, l'homme était, lui aussi, créé de nouveau. Il renaissait. À chaque Nouvel An, le temps mauvais était effacé, l'homme était délivré du fardeau de ses péchés par sa réintégration dans le temps sacré et fort de la création de l'univers. Il redevenait contemporain de la cosmogonie à laquelle il assistait, la destruction du temps *mauvais* étant la condition de la recréation. Dans l'ancienne Égypte, la rénovation du cosmos, ou la recréation, était effectuée quotidiennement par le dieu solaire Rê — « Il a mis le cosmos à la place du chaos ». Durant le jour, il vogue sur sa barque de l'Orient à l'Occident veillant au maintien du cosmos en repoussant les attaques du serpent Apophis. La nuit, la barque bascule dans les ténèbres de l'Hadès ; le dieu soleil poursuit le combat contre le serpent monstrueux et en sort vainqueur. Chaque matin, il renaît sous la forme d'un petit enfant, grandit jusqu'à midi puis décline et meurt le soir pour renaître le matin suivant. Le pharaon, incarnation et substitut du dieu soleil, a pour tâche de réitérer l'exploit de Rê pour assurer la stabilité du cosmos et de l'État, la continuité de la vie, c'est-à-dire de répéter la cosmogonie. »

LA RÉITÉRATION DE LA CRÉATION À L'OCCASION D'UN ÉVÉNEMENT MARQUANT DE LA VIE OU D'UNE CIRCONSTANCE CRITIQUE, MALADIE, ACCOUCHEMENT, ENSEVELISSEMENT.

(D'après M. Eliade, 1987, p. 56-58 et 1998, p. 99-110)

« Pour connaître le sens d'une fonction sociale, d'un événement, la valeur d'un médicament, etc., il faut d'abord en comprendre les origines dans le contexte de la formation du monde qui les a produits. Lorsqu'il s'agit d'effacer une faute ou de combattre une maladie, le rite de renouvellement a pour but d'annuler le temps intermédiaire entre celui de la Création et le temps des circonstances présentes marqué par la maladie ou la faute. Il faut gommer le temps mauvais responsable de la genèse du mal dont on veut se débarrasser, afin de retrouver le temps pur originel qu'il faut réactualiser pour le régénérer. L'abolition du temps néfaste et la régénération du temps par la réactualisation du temps pur et créateur des origines constituaient la rédemption de l'homme archaïque. » À notre sens, il s'agit pour l'homme, en toutes circonstances, de renforcer par le rite, *ce processus mental* de la naissance de l'univers afin que l'exécutant du rituel soit conforté dans son cosmos par la reprise de sa création. « Les paroles cosmogoniques par lesquelles le dieu polynésien Io créa l'univers en illuminant les ténèbres sont prononcées lors du rite de la fécondation d'une matrice stérile ou pour la guérison de l'impuissance masculine, pour répandre la clarté sur des choses et des lieux cachés ou aussi pour inspirer les poètes. Le mythe cosmogonique que l'on récite à cette occasion sert ainsi aux Polynésiens de modèle archétypique pour toutes les créations particulières, sur les plans biologique, psychologique et spirituel. En écoutant le récit de la naissance du monde, on devient contemporain de l'acte créateur par excellence, la cosmogonie. » On revit la Création réactualisée, c'est-à-dire l'expérience originelle. Le cas du guérisseur nous fournit un autre exemple de la réitération de la cosmogonie. « Le mythe cosmogonique est récité par le *Medicine Man* pour guérir les malades. Le rituel est complété par l'exécution sur le sable de dessins analogues aux mandalas indo-tibétains qui symbolisent les étapes de la Création et l'histoire mythique des origines des dieux, des hommes et des ancêtres de l'humanité, réactualisant ainsi les événements qui ont eu lieu au temps des commencements. En écoutant le récit du mythe cosmogonique et en récitant les mythes d'origine tout en contemplant les dessins sur le sable, le participant au rituel est projeté hors du temps profane et inséré dans la plénitude du temps primordial : il est revenu à l'origine du monde, il a effacé le temps de son vécu et il assiste à la création du monde. Aussi bien dans les traditions médicales populaires de l'Orient que dans celles de l'Europe, un remède ne devient efficace que si son origine est connue et si, par la suite, son application est rendue contemporaine du moment mythique de sa découverte. » « Pour la construction d'une habitation, d'une cité, l'intronisation dans une fonction, pour un mariage, un baptême, un ensevelissement, pour l'initiation des garçons et des filles, pour la guérison des maladies, les accouchements, etc., les rites instaurent un nouveau départ à zéro afin de faire comprendre le sens de la création faite par les dieux dans l'*illud tempus*. Il faut opérer une régression vers le monde indistinct et chaotique d'avant la Création afin de renaître et de retourner au cosmos. Il s'agit de répéter ce qu'a accompli le Grand Ancêtre. C'est pourquoi ces rites comportaient la récitation du mythe de Création. »

L'homme des sociétés archaïques devait non seulement réitérer dans sa tête la Création telle qu'elle s'est effectuée dans celle de l'homme primitif lorsqu'il a créé son monde mental, mais encore, par son retour au temps des origines, en s'identifiant à cet ancêtre primordial, il devenait à la fois le spectateur et l'acteur de la cosmogonie. Remarquons qu'à l'inverse de la thérapeutique archaïque qui consistait à abolir le temps mauvais séparant le temps des origines du moment présent et à en effacer la mémoire dans le but de le régénérer et de tout reprendre à zéro, les techniques psychanalytiques contemporaines d'inspiration freudienne s'efforcent, au contraire, de faire sortir de l'oubli le ou les événements qui ont généré le trouble psychopathologique actuel afin de pouvoir, avec le bénéfice du recul, l'expliquer et mieux le maîtriser. Le psychanalyste scrute aussi le passé mais sans jamais remonter jusqu'aux origines, ignorant l'exploration des territoires cachés, prérogative de la psychologie des profondeurs.

LES RITES D'INITIATION. LE MYSTERIUM TREMENDUM[14]

Les cérémonies d'initiation en usage dans les sociétés archaïques font également référence aux mythes cosmogoniques. Les étapes successives de ces rituels renouvellent celles de la création du monde, mort, destruction, tortures, renaissance à partir d'un chaos initial. Le rite commence par faire régresser l'adolescent vers le chaos pour le ramener ensuite au cosmos, régénéré, recréé psychologiquement.

Dans les dernières pages de *Mythes, rêves et mystères* (M. Eliade, 1999, p. 240-248), l'auteur souligne les traits communs que l'on peut observer dans les cérémonies secrètes d'initiation de la majorité des sociétés archaïques : la divulgation du mystère des origines du monde et de l'homme, l'expérience du sacré, la révélation de la sexualité et la conscience de la mort. « Le postulant appelé "myste" par l'historien des religions est séparé du groupe des femmes, ce qui provoque les pleurs de sa famille. Il est emmené dans la brousse, qui symbolise la nuit, l'au-delà et la mort. Dans certaines traditions, il est symboliquement englouti par un monstre imaginaire ou matérialisé par un mannequin effrayant qui représente la nuit cosmique, l'enfer ou le chaos. Il y est terrorisé, torturé, mutilé — cf. les mains peintes paléolithiques amputées d'un ou de plusieurs doigts. On lui dit qu'il est dans le ventre du monstre ophidien (chaos) où il est digéré. Après cette mort symbolique, il renaît à un nouveau mode d'être. Cette résurrection initiatique fait de lui un homme adulte, riche des enseignements transmis, parlant une nouvelle langue que lui ont apprise les initiateurs, et porteur d'un nouveau nom. La jeune adolescente qui a sa première menstruation est également isolée et séparée de la communauté pour y être initiée dans une cabane spéciale, obscure, qui symbolise le ventre maternel et dans laquelle la néophyte régresse à l'état embryonnaire pour une nouvelle gestation précédant une nouvelle naissance [...]. Pour le postulant, l'état fœtal équivaut à une régression provisoire au mode virtuel précosmogonique, avant l'aube du *premier jour*, au temps précédant non seulement sa propre naissance, mais aussi la naissance de l'homme et la création du monde. Dans le ventre maternel allégorique, le candidat régresse au stade prénatal (et préhumain). Devenu contemporain de la création du monde, il est dans l'attente de l'aurore, symbole de cet événement. Pour devenir un homme, il doit revivre la cosmogonie [...]. Les candidats sont parfois enterrés ou couchés dans des tombes recouvertes de branchages, restant immobiles comme des morts. On frotte leur corps avec une poudre blanche pour les faire ressembler à des spectres. L'épreuve de la mort initiatique comprend en outre des tortures et des mutilations : arrachage de dents, amputation de doigts, scarifications, etc., qui sont des petites morts locales. Ces blessures sont complétées par la circoncision et par l'excision clitoridienne chez la jeune fille, opérations dont le but serait d'affirmer l'opposition des sexes ou de prévenir leur confusion. Sectionner chez le garçon le prépuce dont la forme évoque le conduit vaginal équivaut, en effet, à une déféminisation. L'ablation de l'organe clitoridien érectile est l'équivalent chez la fille d'une démasculinisation. »

(Eliade, *ibid*.)

« Le rituel de l'initiation représente quelque chose de plus profond que la simple transition sur le plan physiologique et social d'une classe d'âge à une autre. Il marque le passage à la condition d'homme. Il consiste en la première, en la plus terrible révélation, celle du sacré en tant que *tremendum* sous la forme d'un sentiment d'effroi, de crainte et de terreur sacrée. L'adolescent que l'on conduit dans la brousse est terrorisé par une réalité surnaturelle dont il expérimente pour la première fois la puissance, l'autonomie, l'incommensurabilité. À la suite de cette rencontre avec la terreur divine, le néophyte meurt symboliquement. Il meurt à l'enfance, c'est-à-dire à l'ignorance et à l'irresponsabilité. C'est pour cette raison que sa famille se lamente et pleure. L'initiation équivaut à une maturation spirituelle. Le néophyte est introduit aux secrets sacrés, aux mythes concernant les dieux et l'origine du monde. Ainsi l'expérience du sacré, associée à la conscience de la mort — mort symbolique — et à la révélation de la sexualité — circoncision —, fera de l'initié un homme nouveau, nouvellement né, qui sait, qui connaît les mystères et qui a eu les révélations d'ordre métaphysique. L'épreuve initiatique de la mort constitue la seule voie possible pour abolir la durée temporelle et réintégrer la situation primordiale [...]. On tue son existence profane, historique, déjà usée, pour réintégrer l'existence immaculée, ouverte, non souillée par le temps. Cette nouvelle naissance est une répétition de la cosmogonie et de l'anthropogénie, la genèse du monde servant de modèle à la formation de l'homme. Après les épreuves initiatiques — peur, souffrance, tortures, circoncision et mort symbolique — le nouvel adulte, conditionné par la révélation simultanée du sacré, de la mort et de la sexualité est un autre homme lorsqu'il revient de la forêt. Il est passé de la *nature*, univers clos des femmes à la *culture*, monde viril, conquérant, ouvert à l'extérieur et à la spiritualité. Après être passé de la dominance féminine à l'autorité masculine, il renaît, il est recréé, hominisé de nouveau et promu à un mode réorienté d'existence, sous un nouveau nom, riche de nouvelles connaissances et d'un nouveau langage. » Nous retrouvons, à l'époque hellénistique, le schème destruction/recréation qui, lors de l'initiation de l'adolescent archaïque évoque la mort et la résurrection symboliques. « Pendant son initiation, dans les mystères d'Isis, Lucius, le héros du roman d'Apulée, *Les Métamorphoses*, subit une mort volontaire et approche le royaume de la mort, afin d'obtenir son jour de renaissance spirituelle. Dans les *Mystères de Cybèle*, le néophyte est considéré comme *moriturus* (en train de mourir). À cette mort mystique succédait, une nouvelle naissance, spirituelle. À un certain moment de son initiation, le myste participait à un banquet rituel [...]. Dans les *Mystères de Mithra*, le pain et le vin consommés conféraient aux initiés la sagesse et l'immortalité. » (Eliade, 1978, t. II, p. 270). Pour C. G. Jung, cette mort volontaire est « une plongée dans l'ombre [l'inconscient], une descente aux enfers, jusqu'à la limite de l'être, au-delà de laquelle le sujet bute contre le mur d'une immensité sans limites, d'une indétermination inouïe » [notre chaos mental préconscient].

Actuellement, au sein de tribus de la forêt amazonienne restées primitives, des individus subissent volontairement des tortures rituelles sanglantes, s'infligeant des automutilations et endurant des souffrances allant jusqu'à la limite de l'acceptable. Du propre aveu de ces illuminés, les souffrances qu'ils s'imposent sont indispensables à leur élévation spirituelle, à défaut de quoi le rituel est inopérant. D'où viennent les impulsions qui entraînent ces tortures destinées à une renaissance, sinon de l'inconscient profond et des archétypes liés à la mort et à la destruction, ou pour descendre plus profondément encore, au meurtre de la *chose*, condition de la naissance de l'être ? Ces comportements extravagants, la plupart du temps incompris du grand public comme des ethnologues, témoigneraient selon Eliade, d'un « effort désespéré dans le dépassement de soi, pour ne pas perdre le contact avec l'être ». (M. Eliade, 1998, p. 110).

LE CARACTÈRE SACRÉ DE L'EXPÉRIENCE ORIGINELLE ET DE LA CRÉATION

Dans son aspect *numineux,* l'expérience originelle, ce pas de géant évolutif unique et décisif franchi par les humains exercera sur eux une fascination durable. Elle a peut-être traumatisé l'humanité qui en fut durablement troublée. Dès la sortie de l'animalité, une porte fut ouverte aux fonctions psychiques évoluées et à la spiritualité. L'être, les êtres du monde dévoilés par la lumière de la conscience étaient marqués du sceau du sacré comme l'étaient les actions des rituels et les paroles prononcées lors de la récitation des mythes. Est sacré pour le croyant ce qui est d'origine divine. Est également sacré pour le non-croyant qui est soumis aux mêmes contraintes archétypiques immanentes, ce qui lui vient du tréfonds de son être. En ce sens, tout homme est *Homo religiosus*, et cela à son corps défendant. Pour les sujets des sociétés archaïques, le monde révélé par la conscience, saturé des manifestations mystérieuses empreintes de sacralité, ne pouvait être que d'origine divine. Mais le sacré s'effrite au cours des siècles par un glissement progressif vers le profane, par une désacralisation du monde et par une sécularisation croissante des mœurs. À titre d'exemple, rappelons celui de la tauromachie. Rituel sacrificiel mithriaque à l'origine, elle est devenue la cérémonie folklorique et la fête populaire profane que l'on connaît aujourd'hui. (voir note 9)

LE REGARD DE LA PSYCHOLOGIE DES PROFONDEURS SUR LES RELIGIONS DE SALUT PAR LE SACRIFICE

Ce qui intéresse le psychologue qui aborde les doctrines des deux religions de salut par le sacrifice que sont l'hindouisme et le christianisme, ce sont les coïncidences de leurs croyances avec les allégories mythologiques des cosmogonies venues de la lointaine Préhistoire. On a donné le nom d'homme primordial au collectif de l'espèce *homo* qui a vécu le processus évolutif de l'hominisation, phénomène qui a dû s'étendre sur plusieurs milliers d'années. Les mythes d'origine des peuplades primitives nous parlent du Grand Ancêtre et des esprits initiateurs qui ont éduqué les premiers hommes dans leurs tâches quotidiennes et furent les inspirateurs de leurs rituels. Les récits de l'origine et de la formation du monde qui sont des allégories de la naissance et du développement de la conscience répètent que toute création nécessite une destruction ou un sacrifice préalable. Cette conception sera reprise par les religions de salut.

Si les cosmogonies mettent en scène les héros et les monstres dans leurs rôles d'acteurs antagonistes, les religions de salut, au sens que nous leur donnons dans cet essai, rompent avec cette conception dualiste pour voir dans l'affrontement de ces figures mythiques, les combats intérieurs qui les opposent au sein de l'unité de la psyché. L'individu vivant le drame en lui, les deux adversaires représentent les tendances contraires de la psyché, l'une maléfique à combattre et à sacrifier, l'autre créatrice et salvatrice. Cette conception moniste n'empêche pas la survivance dans le christianisme, à côté d'une foi en un Dieu unique, d'une croyance en un Satan extérieur.

RELIGIONS DE L'INDE

(Eliade, 1978, t. II) (Résumé)
Le Purusasûkta, hymne du Veda à l'origine de la doctrine du Sacrifice des Brâhmanas fait le récit du sacrifice de Purusha, le Géant Primordial, ou l'Homme, à la fois figure de la totalité cosmique et de l'être androgyne. Les dieux sacrifient l'homme primordial Purusha, lequel se laisse immoler pour créer l'univers. De son corps dépecé émanent la terre, le ciel, les dieux, les animaux, les quatre classes sociales et les éléments liturgiques. Sa bouche devient le brahman (prêtre), le Guerrier est le produit de ses bras, ses cuisses engendrent l'Artisan, de ses mains naissent les Serviteurs [...]. Le ciel émane de sa tête, de ses pieds, la terre, la lune de sa conscience, le soleil de son regard, etc. La fonction mythique exemplaire de ce sacrifice est soulignée dans la dernière strophe : « Les dieux sacrifièrent le sacrifice par le sacrifice. » Autrement dit, Purusha était à la fois victime sacrificielle et dieu sacrificateur, exécuteur du sacrifice — l'unité de la totalité de la psyché. Le cosmos et la vie des hommes procèdent

de son propre corps. Ce qui signifie que Purusha est à la fois transcendant et immanent, conformément au mode d'être des divinités cosmogoniques indiennes. Ce type de cosmogonie archaïque, en l'occurrence la création par le sacrifice d'un être divin anthropomorphe, se retrouve en Chine (*P'an-ku*) et chez les anciens Germains (*Ymir*). Pour les religions de l'Inde, la délivrance ou le salut viennent par le biais de la souffrance. Les ascètes et les contemplatifs de l'époque des Upanishads ont pris conscience de la souffrance universelle. « Tout est douleur » selon Gautama Bouddha. Ce constat avait expliqué et légitimé les doctrines et les techniques sotériologiques. Cependant, la philosophie indienne ne sombra pas dans le désespoir. La manifestation de la douleur comme loi de l'existence est la condition de son affranchissement. La souffrance universelle a donc une valeur positive. L'homme n'est pas seul à souffrir. La douleur est une nécessité cosmique [...]. Pour donner une signification à la condition humaine, la littérature indienne utilise les images de liage, d'enchaînement, de captivité, de sommeil, d'oubli, c'est-à-dire de nescience ou d'ignorance de soi-même, du véritable soi (âtman) et propose *a contrario*, des images de libération, de déchirement du voile, de l'enlèvement du bandeau qui couvrait les yeux, de remémoration, etc., tout cela pour exprimer l'abolition de la condition de l'humanité souffrante et la libération. La connaissance supprime l'ignorance, déchire le voile de la mâyâ et rend possible la délivrance, l'éveil ou la prise de conscience d'une situation qui existait dès le commencement et qui a été oubliée.

Invoquant notre conception de l'expérience originelle, nous présumons que la nécessité cosmique de la souffrance alléguée par la spéculation indienne provient du fait que le cosmos a été créé par une action d'abord négative, celle du Verbe sacrificateur. « L'homme est né dans un monde confectionné par lui-même. » (Satapatha Btâhmana). La valeur positive de la souffrance universelle est, selon nous, ainsi nommée parce que cette souffrance aboutit à la renaissance, à la création dont elle est la condition *sine qua non*. Le drame originel de la naissance de la conscience — sacrifice de la chose et libération de l'être — est projeté sur l'homme souffrant, prisonnier de ses illusions, plongé dans les ténèbres — la nescience — et qui demande à être libéré de l'esclavage. C'est pourquoi les spéculateurs indiens confèrent à la connaissance un rôle décisif dans l'obtention de la délivrance. La *situation oubliée* pourrait bien être celle de l'expérience archaïque.

L'identité du brahman[15] et de l'âtman. L'illusion du monde phénoménal. La migration des âmes

(Eliade, 1976, t. I, p. 254-259)

« Comme le Purusha, le brahman, soi suprême, se révèle à la fois immanent et transcendant, distinct du cosmos et pourtant omniprésent dans les réalités cosmiques. En tant qu'âtman ou soi individuel, il habite le cœur de l'homme, ce qui implique son identité avec le véritable soi et l'être universel. »

« Le soi individuel est une émanation du soi suprême. Il est incorporé dans la condition humaine comme l'eau de l'océan (le brahman) dans une cruche qui s'y trouve plongée. Quoique délimitée temporairement par les parois de la cruche, l'eau de la cruche est toujours celle de l'océan. Si la seule et unique réalité est le brahman, l'être absolu, infini, éternel, sans attribut, alors le monde phénoménal, les événements, les circonstances ne sont *qu'illusion*, que rêve. Pour Sankara (fin du viiie siècle), le plus illustre représentant de la doctrine non dualiste qui professe l'unité de l'esprit et de la matière, toutes les choses de l'univers auxquelles notre esprit donne des modalités spécifiques (découpage de l'objet) n'ont pas d'existence propre et ne sont qu'illusion. Elles sont extérieures à l'être suprême, seul réel. Le monde sensible n'est qu'une fantasmagorie inconsistante, la *mâyâ*, qui séduit par l'effet d'ignorance et qui est produite par un processus extérieur, irréel et illusoire, *puisque l'être unique et absolu n'a pas d'extérieur* [...]. Selon cette doctrine, l'individualité humaine vivante doit progresser en des expériences fallacieuses et illusoires éprouvées en ce monde et y transmigrer de corps en corps mortels jusqu'à l'acquisition de la connaissance de l'être suprême (fusion) qui détermine la dissolution de l'individualité phénoménale. C'est alors la délivrance. L'identité du brahman de l'âtman qui en est l'émanation implique le mélange d'un soi individuel spirituel et immortel et d'un corps mortel. » (Jean Filliozat, Encyclopædia Universalis)

À la mort de celui qui sait, l'âtman s'unit au brahman

et les âmes des autres, encore dans l'ignorance, devront poursuivre le processus des transmigrations jusqu'à l'acquisition des connaissances. La fin de la nescience et la fusion avec le brahman marqueront la dissolution de l'individualité phénoménale. Les religions de l'Inde et le christianisme interprètent le salut comme l'équivalent d'une délivrance, d'une renaissance, d'une sortie du néant consécutive à un sacrifice (Purusha-Prajâpati, le Christ).

ASPECTS DU CHRISTIANISME

Dans l'approche du mythe chrétien et c'est aussi le cas des mythes en général ce qui importe ne réside pas dans la réalité ou l'invention de son personnage central, figure censée traduire un pur mouvement de la psyché, mais dans la vérité de l'activité d'une psyché inféodée à la dictature de l'expérience originelle

La secte juive dissidente des Esséniens appelée aussi « secte de la mer Morte », fondée au iie siècle avant J.-C. vivait en communauté dans le désert de Judée près des grottes de Qumrân où furent découverts les fameux manuscrits dits « de la mer Morte ». Il est mentionné dans ces documents l'existence de Menahem, *l'esprit de vérité*, personnage énigmatique, le messie essénien, le maître de justice entouré de douze disciples. Il fut trahi par l'un des siens et aurait été condamné à mort puis crucifié. La prédiction de son retour à la fin des temps complète la similitude de cette figure avec celle du messie chrétien. Se basant sur ces écrits retrouvés, certains pensent que la communauté essénienne a pu faire le trait d'union entre le judaïsme et la secte judéo-chrétienne primitive qui allait devenir, par décret de l'empereur romain Constantin Ier, la religion officielle de l'État. Héritière des traditions esséniennes telles que la pénitence, le partage des biens, la pauvreté, l'ascèse, la chasteté, l'amour du prochain, la bénédiction du pain et du vin — rituel qui sera revêtu d'une signification nouvelle — et la pratique du baptême, cette religion naissante devait être promise à un destin planétaire. À partir du ive siècle, le christianisme change de visage. Le message évangélique partiellement abandonné passe au second plan à la suite de la collusion de l'Église avec le pouvoir politique. Cette dernière parvient au rang d'une puissance politique et, après avoir subi elle-même les persécutions, elle les inflige à son tour, pratiquant la censure, la torture, l'inquisition. À cela s'ajoute un dirigisme inacceptable dans les domaines de la culture et des sciences. Principales valeurs conservées au cours des siècles, le sacrement du baptême — déjà en pratique dans le judaïsme — et l'Eucharistie, que Jésus a lui-même instituée, ont été maintenus. Les vertus spécifiquement évangéliques, la non-violence, la charité, la solidarité, l'amour du prochain quel qu'il soit, ami ou ennemi, ne sont pas, de nos jours, strictement observées par le chrétien et ne l'ont pas toujours été par le passé. Quant aux exhortations à la pauvreté et à la chasteté, elles sont restées souvent lettre morte. Toutefois, le sujet du présent exposé ne concerne pas cet aspect des écrits évangéliques si empreints de symbolisme, mais le christianisme en tant que doctrine du salut devenue la religion de la civilisation occidentale. Équilibrée par le contrepoids de la laïcité à la suite de la séparation de l'Église et de l'État, cette religion reste majoritaire dans cette aire de civilisation. Nous ne souscrivons donc pas à l'avis pessimiste de ceux qui déclarent que la chrétienté est morte ou moribonde. Nous estimons au contraire que le christianisme, dès les premiers siècles de son existence et en dépit des nombreuses défaillances humaines, des scandales, des persécutions et des crimes — commis pour certains d'entre eux par de hauts dignitaires ayant accédé à la papauté —, a comme les autres religions de salut, sauvegardé le message universel venu du fond des âges. En mettant l'homme au centre de sa réflexion par l'intermédiaire d'un homme-dieu, le mythe chrétien pérennise la vérité archétypique de l'expérience archaïque en adoptant, pour la vie publique de sa figure centrale, le scénario à la fois dramatique et révélateur de cette expérience : le salut par le sacrifice créateur ou la création par le sacrifice salvateur. Les fraudes et les mensonges qui entourèrent les manuscrits de Qumrân n'altèrent en rien l'essentiel du message de l'Église en tant qu'il coïncide avec celui des religions de salut par le sacrifice. Les faits peu glorieux évoqués plus haut alimentent une polémique stérile et leur oubli ne fera que confirmer la thèse selon laquelle l'authenticité historique n'a de cesse de céder le pas à la vérité archétypique.

Les emprunts

Le christianisme a puisé ses symboles dans le patrimoine commun de l'humanité et dans diverses mythologies préexistantes. Compatibles avec le thème du fait originel, ces emprunts ne remettent pas en question la valeur de son message. Les symboles et les archétypes qui alimentent autant le fonds doctrinal que l'aspect légendaire de cette tradition religieuse attestent de l'universalité de la structure et des fonctions de la psyché. N'ayant retenu de ses origines judaïques que quelques coutumes et préceptes, elle est restée attachée à certains thèmes et à certains symboles des mythologies qui l'ont précédée, elles-mêmes héritières inconscientes du symbolisme de l'expérience archaïque.

Nous extrayons des ouvrages d'Eugen Drewermann (1992) et de Jung et Kérényi (2001) les quelques thèmes mythologiques dans lesquels apparaissent les archétypes que nous retrouvons dans le mythe chrétien.

L'archétype du héros est présent dans les mythologies du monde entier sous l'aspect d'un être unique au destin exceptionnel. Le héros a pour vocation de combattre et de mettre à mort un dragon, un monstre terrestre ou marin, suppôt du chaos, en vue d'un acte salvateur. Ses actions de bravoure demeurent longtemps dans les mémoires. Par son combat contre le monstre marin Béhémoth dans les eaux de la mort, le Christ revêt certains aspects du héros, vainqueur du néant. (voir note 19)

L'archétype de l'enfant a donné naissance aux récits qui le présentent comme un héros mythologique ou légendaire, un sauveur, un roi. L'enfant mythique est parfois de conception virginale, de descendance noble, royale ou divine. Lorsqu'un dieu s'unit à une mortelle, il s'engendre lui-même dans une mère de dieu pour être enfanté par elle en tant qu'homme-dieu. Le nouveau-né est exposé aux embûches, voire à des massacres lorsqu'il représente une menace pour son père ou un autre personnage important dont il pourrait selon les oracles, prendre la place. (Œdipe, Persée, Jésus, Krishna) Il doit être tué ou abandonné sur une montagne ou dans une rivière puis il est recueilli par un berger qui devient son père nourricier, ou alors il est nourri par un animal femelle — vache, chèvre, jument, louve, chienne, ourse — et protégé par un chien. Souvent, il naît durant la nuit, exposé au froid.

L'archétype de l'enfant divin né de l'union d'un dieu avec une mortelle fournit également de nombreux thèmes mythologiques : Hercule, fils de Zeus et d'Alcmène, épouse d'Amphitryon qu'il a séduite, Asclépios, fils d'Apollon et de Kronis, fille de Phlégyas, roi des Laphites, Persée, fils de Zeus et de la mortelle Danaé, Horus (pharaon) de filiation divine[16], Jésus né de la Vierge Marie et conçu par l'Esprit divin, Bouddha, né du dieu Vishnu et de la mortelle Mâyâ visitée en rêve par le dieu qui avait pris l'apparence d'un éléphant blanc. La naissance de l'enfant divin est précédée d'une annonce par un messager ou manifestée par un signe dans le ciel, comète ou étoile. La délivrance se fait parfois par des voies non naturelles. Mâyâ, mère de Bouddha a mis au monde son enfant par le flanc. Dionysos a terminé sa gestation, caché dans la cuisse de son père Zeus.

L'archétype du roi alimente les mythes depuis la plus haute Antiquité. Figure davantage théologique que politique, le roi est la source et le répondant de la prospérité de ses sujets, des animaux, des récoltes et de la fécondité des terres. La croyance et la foi placée en lui sont profondément ancrées dans la psyché inconsciente de l'humanité puisqu'il détient son pouvoir des dieux. D'où ses attributs : la couronne solaire, le manteau piqué de pierreries, image du ciel étoilé, le globe terrestre tenu dans sa main, symbole du royaume et du monde, le trône l'élevant au-dessus du peuple. Le roi, garant du bien-être et de la prospérité de ses sujets accepte d'être mis à mort quand sa puissance de génération devient épuisée. À la fête du Nouvel An à Babylone au cours de la cérémonie *akîtu,* il est humilié, giflé et parfois exécuté pour expier les crimes de son peuple.

Vérité mythique contre authenticité historique

Dans son introduction à l'ouvrage de Georges Dumézil, *Mythe et Épopée I,* Joël H. Grisward remarque que l'histoire, les épopées et les légendes des sociétés indo-européennes tirent leur vérité de schèmes mythiques archaïques préexistants. Cette vérité mythique, plus proche du concept que de la légende est plus importante aux yeux des allégoristes que l'authenticité des faits historiques. On retrouve la conception d'un Origène et d'un Rodolphe Bultmann dans leur manière d'interpréter les Évangiles. « Ce que nous lisons comme Histoire, c'est-à-dire comme la succession et l'inscription chronologique irréversible de faits historiques, d'événements authentiques datables, n'est en réalité que la projection sur l'axe temporel ou l'étalement dans une pseudo-diachronie d'une structure conceptuelle intemporelle. » (Dumézil, 1995, p. 17)

En ce qui concerne des récits cosmogoniques, quelles que soient les formes d'expression utilisées, le mythème primordial qui reflète le drame de la Création demeure le même, identique à lui-même en sa signification : le signifiant tue la chose et crée l'être, signifié par excellence du mythème primitif. Le signifiant peut varier selon le choix qui est fait dans le paradigme qui le recèle — héros mythique singulier ou collectif, divinité, esprit initiateur. Le signifié est unique, universel, cosmique, il est immuablement l'être, terminus de l'expérience originelle. Peu importent la vérité historique et l'authenticité des faits attribués à la vie des héros, des dieux et des prophètes que leurs biographes modifient largement pour la rendre conforme au modèle mythique. Seule compte leur signification spirituelle intemporelle. L'exigence du salut, au sens que nous avons donné à ce terme, est toujours requise avec la même nécessité. Un souci excessif d'historicité altère la valeur spirituelle et la signification du message mythique qui procède des archétypes primordiaux et avec lequel coïncide notre interprétation profane du processus de l'hominisation et de l'expérience archaïque. Peu importent la liaison supposée de Jésus avec la pécheresse Marie-Madeleine et la descendance qui en aurait résulté. Ce qui est décisif consiste dans le sens de la vie et du destin de cet homme, plus précisément dans le sens que ses disciples, continuateurs et exégètes, lui ont attribué et qui coïncide avec l'héritage spirituel que nous ont légué nos ancêtres paléanthropiens. Cet héritage qualifié de divin serait-il en concordance avec un principe universel transcendant inconnaissable ? Jean, dans le prologue de son Évangile reconnaît qu'un tel principe est inaccessible : « Dieu, personne ne l'a jamais vu, le Fils unique qui est dans le sein du Père, celui-là l'a fait connaître. » C'est-à-dire le fils de l'univers et le fils de l'homme qui a révélé par son incarnation et par les péripéties qui ont marqué sa vie, le sens de la condition humaine. Dès les origines, l'homme s'est impliqué dans le drame du monde qui est devenu le sien en ses destructions et ses renaissances. Point n'est besoin d'invoquer une prétendue faute originelle culpabilisante pour justifier la nécessité de son salut. Selon la thèse proposée ici, le fait lui-même de la Création, est un salut en soi, car l'être créé est délivré du néant et sauvé du chaos. Conséquence de l'expérience primitive, le primat de l'esprit, de l'intelligence et de l'imagination créative octroie à l'espèce humaine l'assurance de la préservation de ses acquis tout en lui garantissant les moyens de ses progrès dans la conquête de l'univers. Cependant, un voile d'ignorance recouvre notre organisation archétypique intérieure dans laquelle d'aucuns voient l'image de la divinité et d'autres une simple immanence qui fait de l'homme un sacrificateur sacrifié et un créateur sauveur. Nul ne sait si cette immanence intime et profonde est projetée sur l'univers entier ou si elle correspond à une entité extérieure universelle transcendante et inaccessible dont elle serait le reflet. La tradition orientale n'est pas confrontée à ce dilemme puisqu'elle professe l'identité du brahman, le soi universel ou soi suprême et de l'âtman, le soi individuel, l'âme individuelle de même substance que le brahman, dont elle est une émanation, un bourgeon.

Mythe et histoire. La mythisation de personnages historiques

Il s'agit du traitement des personnages de l'Histoire par la mémoire populaire soumise à l'influence de la pensée symbolique inconsciente collective riche de ses archétypes, une mémoire qui occulte à la longue les traits du personnage réel pour ne retenir que les attributs éternels du héros mythique. « Le souvenir d'un événement historique ou d'un personnage historique ne subsiste pas plus de deux ou trois siècles dans la mémoire populaire qui fonctionne au moyen de structures différentes de celles qu'utilise la mémoire individuelle : catégories au lieu d'événements, et archétypes au lieu d'individus historiques. Le personnage historique est alors assimilé à son modèle mythique tandis que l'événement est intégré dans la catégorie des actions mythiques. *L'individuel* n'est pas accepté par la mentalité archaïque, qui ne conserve que *l'exemplaire universel et collectif.* » (Eliade, 1998, p. 54-64). À la longue, le souvenir des faits historiques s'efface de la mémoire populaire qui se plie à la dictature inflexible des archétypes. Des faits et des personnages historiques, elle finit par ne conserver que ceux qui s'intègrent dans le modèle des figures représentatives de nos mythes. L'histoire est sans cesse révisée ou oubliée, de manière que les événements qu'elle relate et les protagonistes qu'elle met en scène, entrent dans le moule de la spécificité mythique. M. Eliade rapporte, entre autres, l'exemple du combattant yougoslave Marko Krajlevic qui vécut au ive siècle et qui se distingua par sa bravoure dans la bataille contre les Musulmans ottomans. « Il fut avec le temps affublé de l'auréole du héros mythique : sa mère et son épouse sont des fées. Il combat et tue un dragon à trois têtes. Il combat son frère Andrija et le tue (mythe des frères ennemis). Comme beaucoup d'autres, le personnage historique fut métamorphosé en héros mythique. » (*ibid.*)

Si le mythique et l'historique sont exclusifs, il n'en est rien au temps des commencements où ils sont confondus et indifférenciés puisque, aux origines, la première parole apparue à un moment de l'histoire de l'espèce humaine est déjà mythe. Survenue dans l'histoire à la fois comme substitut de l'homme primordial et prototype de l'homme universel, la figure centrale du mythe chrétien ou le Verbe en personne, investi des attributs du créateur et du sauveur, est comme le premier homme, historique et mythique à la fois. Tout homme est également historique et mythique : historique parce qu'il est apparu dans l'histoire du monde et qu'il vit dans celle de l'humanité et dans la sienne, mythique parce qu'en tant qu'être revêtu de signification, il est une incarnation de l'homme primordial dont il a hérité le verbe et le pouvoir créateur et salvateur. L'homme signifie autre chose que lui-même, ce qui lui confère son caractère sacré de démiurge. À l'instar de l'homme primordial, chaque individu est lui-même, son propre sauveur et le garant de son maintien dans son cosmos, assurant la création et la recréation de son monde mental comme la stabilité de son équilibre intérieur. Le sauveur chrétien survenu à un moment de l'histoire n'a pas seulement réalisé rétroactivement le salut des âmes qui l'ont précédé ni de façon proactive, celui de celles venues et devant venir après lui. Elle a été l'occasion de la prise de conscience historique d'un événement qui s'est produit *aux origines* et que cet homme est venu réitérer et rappeler par sa vie et son destin exemplaire, témoignant de l'incarnation dans la nature humaine d'un principe salvateur universellement valable pour tous les individus de tous les temps qui n'est autre que le Verbe en sa signification ternaire — sacrifice, création, salut. Bien que l'homme aspirant au salut soit un être faillible, ce qui importe n'est pas tellement la *négativité* d'une prétendue faute que le sauveur serait venu neutraliser, mais la *positivité* de la recréation incessante de la personne qu'il est venu confirmer, celle de l'homme qui doit échapper sans relâche au chaos et se maintenir dans son cosmos. Dès son apparition, l'exigence sotériologique de l'humanité est liée à un besoin impérieux et nécessaire d'échapper au chaos, à un retour contre-évolutif à l'animalité et de se maintenir dans un cosmos à conquérir et reconquérir.

Immanence et transcendance inaccessible

Dans l'acceptation de l'hypothèse jungienne d'un inconscient collectif héréditaire, notre postulat de départ invoque l'existence d'empreintes archétypiques inscrites dans la psyché profonde de l'homme. Vraisemblablement solidaires d'éléments organiques, ces dernières sont destinées à recevoir les images et les symboles provenant de leurs paradigmes respectifs dans le but de les restituer. Comme nous l'avons remarqué plus haut, le *noyau fixe*, dont l'existence est postulée par le linguiste Noam Chomsky, scelle la forme du syntagme sujet-prédicat. Cette structure se confondrait avec un noyau symbolique profond qui, dans l'élaboration des mythes, associe les archétypes et les symboles selon cette relation syntagmatique, celle-là même qui est utilisée dans notre mythème primordial. Le paradigme qui regroupe les symboles *ténèbres, nuit, eaux sombres et abyssales, entités monstrueuses*, etc., se rapporte au signifié *chaos mental préconscient* alors que les symboles *lumière, jour, soleil* et *héros sauveurs*, rassemblés en leurs paradigmes respectifs, en appellent au *Verbe*, artisan de l'expérience originelle. Considéré selon la conception naturaliste comme un produit de l'évolution, ce noyau symbolique sans doute associé à des structures organiques — génome nucléaire ou mitochondrial ou à d'autres entités, peut-être à des états quantiques méconnus que la physique révélera un jour dans son étude des particules subatomiques — relève de la pure immanence et n'est pas directement observable ni objectivable en l'état de nos connaissances actuelles. Il ne peut être évoqué qu'en tant qu'hypothèse dans le contexte d'une organisation de la psyché qui procède des propriétés mystérieuses de la vie, cette inconnue, elle-même héritière de la matière universelle, cette autre inconnue. Depuis des siècles, plusieurs traditions religieuses, dont la pensée chrétienne elle-même, ont entretenu l'ambiguïté d'un espace intime de l'homme en le déclarant habité à son insu par la présence divine, amalgamant l'immanence et la transcendance. En ce qui nous concerne, notre réflexion s'arrête là, au niveau de cette immanence comprise à l'aide des lois de la psychologie et ne s'aventure pas au-delà de cette limite, dans le domaine de l'inconnaissable. Si le psychologue peut faire des conjectures sur l'expérience archaïque de la naissance de la conscience, sur la nature de cet événement, sur sa signification et son impact, il ne peut rien dire de l'après-vie ni de l'avant-conscient. La mort est une expérience impossible, personne n'en est jamais revenu. Face à la position confortable du croyant qui bénéficie de la foi, le libre penseur se heurte au mur infranchissable du préconscient et de l'avant-langage. Qu'y a-t-il avant la conscience et le langage ? La psychologie des profondeurs est arrêtée dans cette impasse. S'il y a quelque chose ou quelqu'un en amont, c'est un inconcevable, un *sans nom*, un inconnaissable, un indicible qu'il est impossible de définir ni de nommer en raison de la carence des contenus conscients et de l'absence de mots. Pour le croyant comme pour le non-croyant, le Verbe est agissant au plus profond de l'être. Cette présence *immanente* pour le psychologue naturaliste, soutenue par les archétypes primordiaux à l'œuvre dans l'inconscience depuis les origines paléanthropiennes de l'humanité, habitera en permanence l'homme futur, même à son corps défendant. Elle est semi-consciente en tant que révélation d'une *transcendance* pour le croyant. L'évangéliste a mis ces paroles rassurantes dans la bouche de Jésus s'adressant à ses disciples avant son Ascension : « Voici, Je suis tous les jours avec vous jusqu'à la fin des temps. » (Mt. 28.20). Allusion à la marque de l'expérience originelle agissante présente dans l'esprit des hommes, héritiers de cette expérience imprimée dans leur inconscient collectif. Revenant du tombeau vide, deux femmes qui cherchaient le corps introuvable de Jésus entendirent deux *anges* leur dire : « Pourquoi cherchez-vous parmi les morts celui qui est vivant ? » (Luc 24/1 à 6) À traduire :

la complexion archétypique qui vit en en vous, dans votre psyché profonde.

Le Verbe vainqueur. Les contraintes archétypiques internes

Le chercheur qui s'intéresse à l'élaboration et à la genèse des légendes et des mythes ne remonte pas jusqu'à leur naissance véritable, pour trouver *in statu nascendi* le Verbe vainqueur et libérateur qui sacrifie la chose pour le salut de tous. Dans les mythes cosmogoniques, il est toujours question d'un gagnant et d'un perdant dont la confrontation aboutit à la création du cosmos. Notre inconscient collectif, dont nous sommes prisonniers, comme le sont les animaux de leurs instincts, ne peut se tromper ni nous tromper et nous ne pouvons échapper à sa domination intransigeante. Il plie notre pensée et notre mémoire à la rigueur de sa tutelle implacable et infaillible, agissant partout et en tout temps de façon souterraine, à notre insu. Le croyant ne peut se dérober à son emprise car pour lui, ce Verbe est le *Verbum Dei* d'Augustin[17] qui incarne la nécessité de l'évidence, la force qui confère à la *vérité* la marque de l'irrécusable. Le zèle aveugle et la ferveur exaltée du croyant impressionnent le non-croyant pour qui l'inconscient collectif se dévoile comme étant avec ces mêmes caractères le *Verbum humanum* tout aussi intraitable et despotique. Il n'est pas un fait, pas une figure de notre histoire, de nos mythes et de nos légendes qui n'ait été l'objet de son appropriation tyrannique. Sans cesse au long de l'Histoire, dictant nos pensées et nos actes, tout ce qu'il révèle se réfère au combat du bien et du mal, du bon et du mauvais, de l'être et du non-être, du cosmos et du chaos. Depuis l'aube des temps, et encore aujourd'hui, dans notre monde désacralisé et laïcisé, l'homme veut être le vainqueur qui immole la victime, le héros qui démembre le monstre, le *Verbe* qui tue la chose, le démiurge qui crée l'être, le pèlerin en marche à la conquête du monde. Les puissances de l'enfer et du chaos ne sauraient jamais prévaloir contre cet élan implacable au caractère quasi déterministe. Paul Claudel se convertissant soudainement dans l'antre de la cathédrale de Notre-Dame de Paris a-t-il été saisi par une illumination soudaine venant de la profondeur de son inconscient ? L'apôtre Paul se rendant à Damas n'a pu se résoudre à combattre plus longtemps celui qu'il persécutait lorsqu'il a été subitement aveuglé par la vérité que sa victime incarnait, la même que dissimulait la couche la plus profonde de son être. Une force irrésistible, celle de l'inconscient archaïque tout-puissant l'a contraint à se soumettre et à suivre la voie qui devait le guider vers son nouveau destin. Cette force est celle qui accompagne la ferveur et les extases de ceux qui ont choisi de servir de façon inconditionnelle leur Dieu, soumis qu'ils sont sans le savoir à la contrainte dictatoriale des archétypes primordiaux. Elle explique le caractère irréfragable de leur foi, quelles que soient leur religion ou leurs croyances, foi dans la loi du salut qui justifie l'adage le plus souvent incompris parce que mal interprété : « Hors de l'Église [hors de cette foi, quelle que soit la religion], point de salut. » Pour le chrétien qui s'appuie sur la révélation, la personne du Verbe divin est le chemin, la vérité. Pour le libre penseur qui invoque l'inconscient collectif de l'humanité et ses archétypes, le chemin serait cette même vérité immanente, enfouie dans les couches abyssales de la psyché, agissante au plus profond de l'être, incarnée par les héros des mythes de création de toutes les civilisations et liée aux processus psychiques de l'expérience archaïque et à leurs allégories.

La religion de l'islam ne propose pas, à notre connaissance, de héros sacrificateur et sauveur tel que nous le trouvons dans les récits cosmogoniques. Il y eut cependant le cas singulier du mystique Al-Halladj dont le destin tragique est très instructif dans le cadre de notre hypothèse. Nous résumons ici les propos de Jean Fillozat (Encyclopædia universalis). Al-Halladj (858-922), figure saisissante du mysticisme islamique, mort en martyr à cause de ses idées a vécu sa passion, qui rappelle celle de Jésus-Christ. Il eut l'imprudence de déclarer : « Je suis la Vérité », convaincu non seulement de la détenir mais que Dieu parlait par sa bouche. Il accepte la sentence, la justifie et la souhaite en tant qu'issue nécessaire à son salut et à celui de ses bourreaux. Son sacrifice, il l'avait revendiqué : « C'est dans la religion de la Croix que je mourrai. » Sur son gibet, s'adressant à Dieu, il disait : « Ceux-là qui sont tes serviteurs se sont réunis pour me tuer par zèle pour ton culte et par désir de se rapprocher de Toi. Pardonne-leur car si tu leur avais dévoilé ce que tu m'as dévoilé, ils n'eussent pas agi comme ils l'ont fait et si tu avais dérobé à mes regards ce que tu as dérobé aux leurs, je ne subirais pas l'épreuve que je subis. » Il fut flagellé, supplicié, accroché à un gibet puis décapité. Bien qu'accusé d'hétérodoxie, il se considérait lui-même comme appartenant à la communauté musulmane orthodoxe. Il affirmait que l'unité avec Dieu perfectionne la personnalité, la divinise car Dieu l'habite, en fait son organe libre et vivant et que le but ultime de tout être humain est l'union mystique avec Dieu.

À notre sens l'expérience du martyr Al-Halladj, consentant à son immolation fait référence à la vérité que professent les religions de salut par le sacrifice : le salut vient d'un sacrifice créateur. Manifestant de la constance dans l'imitation de l'homme-dieu chrétien, le supplicié demande à Dieu de pardonner à ses bourreaux qui se méprennent sur leurs intentions pourtant louables à leurs yeux. En l'absence d'une telle influence chrétienne, l'hypothèse d'un impact indélébile de l'expérience originelle sur la psyché n'en serait que plus crédible, selon laquelle le sacrifice créateur et salvateur, expression de l'expérience archaïque, serait inscrit dans l'âme profonde de l'homme. Dans le destin de ce personnage tragique se dévoile l'œuvre souterraine des archétypes primordiaux, en particulier ceux qui ont induit les notions de salut par le sacrifice. Le Dieu des chrétiens habite tous les hommes et partage leur pathologie — παθειν, souffrir —, quels qu'ils soient, bons ou mauvais, ce qui fait de chacun d'entre eux un prétendant légitime à la rédemption et au salut. L'inconscient collectif que Jung appelle *psyché objective*, parce qu'indépendante de l'activité du sujet individuel, est inféodé aux archétypes primordiaux. Il opère de la même façon sur l'esprit de tous les individus de toutes cultures et de toutes confessions religieuses. Il serait agissant surtout chez les mystiques dont les pratiques introspectives explorent la profondeur de leur être. Comment, en dehors de cette hypothèse, interpréter cette passion manifestée par le mystique musulman qui consent à offrir sa vie ? Au sens de notre interprétation du processus cosmogonique et anthropogénique, l'être est au plan de la psyché, la synthèse de la Création, du salut et d'un sacrifice allégorique. Le sacrifice de Al-Halladj, qui n'est pas un héros mythique, est accompli réellement, *in concreto*, dans l'extase, cette ivresse des profondeurs. Il trahit une transposition illégitime et illégale dans le réel d'une allégorie prise à la lettre. Si l'expérience originelle de la naissance de la conscience fut un événement psychique évolutif réellement vécu par l'homme préhistorique, elle est devenue dans l'esprit de ses descendants allégorie cosmogonique et anthropogénique. Le supplice d'Al-Halladj fut une épreuve non seulement psychique mais également physique effectivement réalisée, comme si le supplicié avait voulu, à l'instar du héros chrétien, la vivre dans sa chair. Le martyr s'est identifié non pas uniquement à l'homme primordial, duquel il aurait pu, par le rituel, revivre mentalement l'expérience du sacrifice originel, mais au héros historico-mythique qui a vécu concrètement cet événement dont il a renforcé et perpétué le symbolisme. Les rituels cosmogoniques accomplis par les hommes des sociétés primitives consistaient, nous l'avons vu, en un renouvellement de la création ou en une recréation. Ils permettaient à ceux qui y participaient de réitérer mentalement cette expérience, de la revivre dans le but d'en conserver les bénéfices et de la pérenniser. Dans le cas du martyre d'Al-Halladj, il ne s'agit pas d'un rituel censé répéter l'expérience originelle, mais de péripéties réellement vécues au cours desquelles le condamné est réellement torturé et effectivement mis à mort. Le martyre a été victime de sa confusion de l'action rituelle allégorique avec l'action réelle. Faisant l'amalgame de l'allégorique et du réel et répondant à l'appel des archétypes ancestraux enfouis dans la profondeur de son être, le mystique en extase a revécu physiquement et concrètement le drame christique porteur du symbolisme de l'expérience du salut.

La puissance des contraintes internes

Déterminé en profondeur par *l'inconscient collectif* héréditaire jungien, l'homme, à son pôle opposé, est assujetti dès son plus jeune âge à un univers socioculturel déjà là qui recouvre les codes comportementaux, les interdits et le langage : le *conscient collectif externe acquis*, dirions-nous. La psychanalyse enseigne que l'accès au monde extérieur socioculturel coïncide avec une séparation, une division ou une *fente* du sujet pour reprendre la terminologie de J. Lacan. Par son entrée dans *l'ordre symbolique*, le *soi* non conscient, soi autonome antérieur à toute influence extérieure sera, selon cet auteur, séparé du *soi* parlant et conscient de son identité, de son individualité et de celles des autres. Il sera asservi tout au long de son existence par l'ordre symbolique externe et le langage, desquels il sera retenu prisonnier. Selon la conception freudienne, le soi autonome sera réprimé pour devenir l'objet du premier refoulement, l'*Urverdrängung*, le refoulement originaire qui donnera naissance à l'inconscient. Cette problématique, qui a particulièrement mobilisé l'attention de l'analyste J. Lacan, sera évoquée plus loin, lorsque nous aborderons les théories de ce chercheur, nous référant pour cela à l'ouvrage d'A. Lemaire cité plus haut.

L'homme-dieu, incarnation vivante du fait originel

> *« Je vous révélerai des choses cachées*
> *depuis la fondation du monde. » (Matthieu 13.35)*

La figure chrétienne du sauveur diffère de celle du messie juif qui devrait inaugurer un âge d'or de l'humanité à la fin des temps. Dans les Écritures du judaïsme, le messie attendu ne désigne pas nécessairement une personne mais peut-être un collectif, une époque, une mentalité, éventuellement un stade évolutif de la civilisation. « Il viendra comme un scorpion, nul ne sait où ni quand. » Pour le chrétien, il est déjà venu. Avant sa naissance historique, il est apparu en tant que figure mythique confondue avec celle de l'Homme primordial, au jour de la Création, lorsque les premiers hommes ont sacrifié la chose pour créer l'être. Il meurt et ressuscite tous les jours en chaque homme, tout au long de l'histoire puisqu'il incarne une vérité anhistorique, celle d'un sacrificateur sacrifié, celle de la condition humaine. Il s'est vu attribuer par ses adeptes tout le symbolisme de l'homme universel, dont les mythes nous parlent depuis le paléolithique. Comme l'homme primordial, il est la personnification du Verbe sauveur, vainqueur des ténèbres. Dans l'enthousiasme et les débordements mystiques de leurs dévotions, ses fidèles l'ont divinisé. À la différence des prophètes, réceptacles et transmetteurs de la parole divine, il est lui-même cette parole qu'il délivre aux hommes sans intermédiaire. Le dogmatisme théologique l'a fait reconnaître dans la figure du Messie des Écritures censé réapparaître à la fin des temps et l'a identifié à l'oint du Seigneur, au serviteur souffrant, au *Cosmocrator Redemptor* de la mythologie irano-syncrétiste[18], faisant de lui l'incarnation de la parole de Dieu. Parangon de l'homme universel, réplique de l'homme primordial, mais aussi homme ordinaire, avec ses doutes et ses faiblesses, exposé aux vicissitudes de son existence, quelle figure autre que celle de ce héros divin pouvait-elle mieux captiver les hommes et davantage flatter leur narcissisme congénital ? Jeune rabbin prêchant sous le règne de l'empereur Tibère, il est passé aux yeux de l'occupant romain pour un agitateur politique qu'il fallait neutraliser. Figure de proue du christianisme, sa popularité n'est pas simplement due à un anticléricalisme et à un anticonformisme qui ont séduit les foules, mais au fait que chacun de ses adeptes se reconnaît en lui. Propulsé à la première place du hit-parade des *prophètes* depuis deux mille ans, il doit pour une bonne part son charisme exceptionnel et durable au fait que la mémoire populaire l'a rendu conforme à l'homme primordial, ainsi qu'à la démarche de ses exégètes qui ont inconsciemment *révisé* sa biographie et l'ont investi des caractères du héros mythique, du Verbe vivant. À la fois vainqueur de la Bête et victime immolée parce que chargée des péchés de tous, le héros a été identifié au Verbe créateur et sauveur de l'humanité. Ses « fans » se retrouvent dans toutes les couches de la société, revêtus non seulement de la soutane des ecclésiastiques, de la bure austère des moines et de l'habit des nonnes, mais aussi du jean du rappeur, du short du sportif, des minijupes des filles et des porte-jarretelles des prostituées. Le culte voué à l'homme-dieu ressuscité témoigne que la Résurrection (*resurgere*, se relever, se redresser, se remettre debout) constitue pour l'être humain, une exigence fondamentale, car elle symbolise le processus hominisant par excellence, celui qui l'a mis debout physiquement, mentalement et moralement. Cette érection physique et mentale sera renouvelée et confortée par les rituels et par une quête ininterrompue de la connaissance, ce passage du chaos au cosmos réalisée par l'œuvre du Verbe. Après chacune de ses *chutes*, l'homme doit *se remettre debout* comme son modèle exemplaire sur son chemin de Croix. Engagé sur la route de son salut, il est habité par l'homme primordial et par son substitut mythico-historique, *ce juif obscur*, mime sublime de l'iconographie religieuse qui est venu, par le geste et la parole, lui rappeler cette vérité.

Si l'hypothèse exposée ici devait être valable, l'homme cloué sur la croix n'est autre que le symbole de l'homme universel. Il incarne les trois temps de la condition humaine et réalise la synthèse de la Création salvatrice par le sacrifice, opérée par l'expérience originelle. Le scénario allégorique que le supplicié a concrètement vécu, réplique de cette expérience dont chaque mortel porte la marque au tréfonds de son être, est précisément celui des mythes de Création qui en répètent le processus, celui de la naissance de la conscience définie comme le sacrifice du chaos, condition de la naissance du cosmos.

Le christianisme, religion de salut par le sacrifice

Le salut procède d'une création par le sacrifice, telle est la définition qui se dégage de notre postulat de départ, lequel traduit l'aspect ternaire de l'expérience originelle qui a marqué le passage de la paléo-psyché de l'homme préhistorique à la psyché d'*Homo sapiens*. Sans aller jusqu'à prôner l'identité de la divinité absolue et de l'âme individuelle que professe la spéculation indienne, la religion chrétienne affirme la fraternité de tous les hommes réunis dans l'assemblée ecclésiale derrière leur chef, faisant l'amalgame du sacrifice divin avec celui de leur être que chacun des fidèles offre à Dieu au cours de la messe. C'est ce que rappelle l'un de ses plus illustres représentants, Augustin, Père de l'Église, parlant du sacrement de l'Eucharistie : « Cette Cité, rachetée tout entière, c'est-à-dire l'assemblée et la société des saints, est offerte à Dieu comme un sacrifice universel, par le grand prêtre qui, sous la forme d'esclave, est allé jusqu'à s'offrir pour faire de nous le corps d'une tête si admirable [...]. Voilà pourquoi, après nous avoir exhortés à offrir nos corps en hostie vivante, sainte, agréable à Dieu, comme un hommage spirituel [...] parce que le sacrifice en sa totalité, c'est nous-mêmes, [...] tel est le sacrifice des chrétiens : à plusieurs, n'être qu'un seul corps dans le Christ. » (*La Cité de Dieu* X, 6, city. in Joshua, Encyclopædia Universalis). L'évêque d'Hippone souligne la signification universelle de cette situation valable pour toute la communauté humaine. Selon lui, le rituel eucharistique, moment central de la messe, donnerait au fidèle, à l'instar de ceux des sociétés archaïques, l'occasion de renouveler l'expérience première du salut. En psychologue des profondeurs avant l'heure, il disait à ses catéchumènes : « Quand vous communierez, on vous dira : *le corps du Christ*, et vous répondrez : *amen*. Mais vous devez former vous-mêmes le corps du Christ. C'est donc le mystère de vous-mêmes que vous allez recevoir. » Ce mystère est, à n'en pas douter, celui du psychodrame dans lequel s'affrontent la conscience et le chaos mental du communiant dont la présence au rituel est bien réelle, autant que celles réactualisées de l'homme primordial, premier Adam et de son substitut mythique, nouvel Adam auxquels il s'identifie. Le déroulement du rituel destruction/naissance ainsi que l'allégorisme archaïque par le biais duquel le héros est opposé au monstre Satan, révèlent la parenté du sacrement avec l'événement premier, l'expérience primitive de la victoire du Verbe sur la *chose*. Remarquons qu'à travers le rituel eucharistique, le christianisme se dévoile comme une religion de la violence, mais d'une violence symbolique qui ne peut se réaliser que dans le sang d'un déicide allégorique, le sang que le fidèle doit boire pour obtenir la vie éternelle. Symbolisme brutal qui fait contraste avec l'angélisme et la non-violence qui émanent de certains textes évangéliques.

La symbolique du rituel eucharistique revêt la signification ternaire du concept de Création telle qu'elle se révèle dans l'expérience originelle. À ce titre, elle est restée proche de l'orthodoxie archaïque des rituels cosmogoniques. Elle appelle le fidèle à sacrifier ses péchés — son chaos intérieur — par l'intermédiaire du sacrifice de son dieu qui les a endossés afin qu'il parvienne à la délivrance. Lorsque le fidèle participe au sacrement, il s'identifie au héros divin, nouvel Adam, pour réitérer cette expérience telle qu'elle a été actualisée par la vie et le destin de ce héros — torture, mort, renaissance. Le chrétien convaincu pourra dire : « Ce n'est plus moi qui vis, mais le Christ qui est en moi. » (Saint-Paul) « Être l'hostie avec l'hostie, apporter sa propre goutte de sang chaque matin au calice de la rédemption. » (J. Philopon, *Les Secrets de la vie chrétienne*). L'identification du fidèle au Verbe mythique, relais de l'homme primordial entérine la conception de la présence *actualisée et réactualisée* au sacrement, de ces trois figures confondues : l'homme primordial, le Christ, nouvel Adam qui en est le relais et le fidèle qui accomplit le rituel. Selon certaines interprétations, le baptême exerce une fonction similaire à celle de l'Eucharistie puisqu'il réitère au plus profond de la psyché l'expérience primitive de la libération de l'être. Cela est particulièrement vrai du baptême par immersion qui invite le catéchumène à retourner dans les eaux informes du chaos pour y vaincre le *monstre*, allégorie de son chaos intérieur, alors que l'émersion qui suit se confond avec une renaissance à la vie et à la lumière[19]. Comme celui de l'Eucharistie, ce rituel ferait référence à l'héritage légué par nos lointains ancêtres sous la forme de l'empreinte de l'expérience primitive et serait destiné à pérenniser chez le chrétien, la configuration psychique gravée par cette expérience. Ces sacrements agissent, selon Augustin, par la participation du fidèle qui s'offre lui-même — son chaos intérieur — en sacrifice et qui revit dans son for intérieur le drame du salut qui n'est autre que l'expérience originelle de l'homme, premier sacrificateur sacrifié dont Jésus est le relais, le modèle à imiter, mieux, celui auquel il doit s'identifier. C'est donc une double identification que requièrent ces deux rituels de la part du fidèle, celle qui le confond avec le héros divin dont la vie et la mort sont elles-mêmes allégories de l'expérience primitive vécue par l'homme primitif.

Le sens sotériologique du rituel eucharistique tel qu'il se dégage de cette exégèse d'obédience augustinienne n'a pas été retenu par le réformateur Ulrich Zwingli, pour qui, le cérémonial de la Cène revêt le caractère d'une simple commémoration, celle du dernier repas du Maître pris avec ses disciples. Zwingli admet une présence spirituelle du Christ dans le cœur du fidèle sans aller jusqu'à l'identification, condition de la participation active du fidèle à son salut. De l'avis du protestant C. G. Jung (Jung, 1970, p. 9-55), nombre de chrétiens ne sont pas conscients de l'impact profond du sacrement lorsqu'ils se rendent à la table de communion. Le psychologue de Zurich dénonce, à cet égard, le caractère d'extériorité d'une certaine conception du christianisme selon laquelle n'est exigée qu'une *imitatio Christi*, « ravalée au rang d'objet extérieur du culte par le croyant superficiel, enclin au formalisme mécanique » et qui se sent dédouané par le fait que ses péchés sont endossés par un autre. À défaut d'une identification à l'incarné mythique, cette imitation d'un modèle extérieur ne favorise pas l'action en profondeur du rituel qui devrait permettre au fidèle de concourir activement à la réalisation de son salut par la réactualisation intérieure du sacrifice.

Si la plupart des fidèles restent étrangers à la signification augustinienne du sacrifice de la messe, certains catholiques attachés aux traditions ont été déconcertés par les réformes de Vatican II touchant à la liturgie de la messe. Elles ne mettent pas l'accent sur la réactualisation, au rituel sacrificiel, du substitut de l'homme primordial auquel le fidèle doit s'identifier. Une interprétation allégorique du mythe chrétien eût éludé le débat.

À considérer les invocations proférées durant les solennités des grandes religions, hindoue juive, chrétienne et musulmane, celles-ci ne montreraient pas de notables différences avec les incantations qu'élevaient dans leurs cavernes colorées les hommes des sociétés traditionnelles lorsqu'ils procédaient à leurs rituels, n'était-ce l'atmosphère pompeuse dans laquelle se déroulent ces cérémonies. Portant des vêtements d'un autre temps, richement colorés et brodés, évoluant dans un mobilier recherché au sein d'un décor dans lequel l'or, l'argent et les pierres précieuses scintillent à la lumière des luminaires et des bougies, les ministres du culte qui officient avec gravité dans leurs fastueux sanctuaires semblent ignorer le sens premier et profond du rituel qu'ils accomplissent. Par leurs paroles et leurs gestes sibyllins chargés de symbolisme, ils font référence à des événements d'un passé lointain mais sans pouvoir en percer le mystère ni parvenir aux origines, c'est-à-dire à l'expérience primitive et aux traces profondes qu'elle a laissées dans la psyché. Dans le faste de leurs cérémonials, ils paraissent jouer devant le peuple des fidèles recueillis une pièce dont le sens véritable leur échappe mais dont ils perçoivent cependant le caractère sacré.

La pâque des juifs, celle des chrétiens. La pâque de l'Humanité

La *sortie* du chaos, de l'inconscience puis de la préconscience coïncide sur le plan bioéthique avec la libération de la condition animale et constitue la véritable *pâque* de l'humanité. La pâque juive commémore la sortie d'Égypte du peuple d'Israël libéré. Elle est célébrée par le sacrifice de l'agneau pascal égorgé, puis consommé à titre d'offrande expiatoire en vue de soustraire la communauté d'Israël à son châtiment, signe que ce sacrifice est indubitablement lié à la notion de salut. La fête chrétienne de Pâques porte le sceau de l'expérience archaïque libératrice, en réactualisant la mort et la Résurrection du héros mythique devenu agneau à sacrifier porteur des péchés du monde (*Agnus Dei qui tollis*[20] *peccata mundi*), victime sacrificielle qui sera consommée.

Au commencement. In principio. In illo tempore

Pour la tradition judéo-chrétienne, tout a été accompli aux commencements, dès la création du monde. Sous l'éclairage de l'hypothèse de l'expérience archaïque qui aurait conditionné le devenir mental de l'humanité, certaines maximes prennent tout leur sens : « Les œuvres furent achevées dès la *création* du monde. » (Hébreux, 4,3) Il s'agit de l'expérience originelle, du sacrifice, de la Création salvatrice par le sacrifice. « La réalité même que l'on appelle aujourd'hui chrétienne existait aussi chez les Anciens. Elle n'a même jamais fait défaut depuis les commencements de l'Humanité, jusqu'à ce que le Christ soit venu dans la chair. C'est depuis lors que l'on a simplement appelé chrétienne la véritable religion qui a toujours existé. » (Augustin, *Retractationes* 1,12,3) Matthieu fait dire au Christ : « Je vous révélerai des choses cachées depuis la fondation du monde. » (Matthieu 13,35) Le destin accompli par Jésus sur terre est une rétrospective symbolique de l'expérience originelle — mort, résurrection. « Celui qui vient après moi a existé avant moi, car avant moi il était. » (Jean, prologue v. 15) Tel est le témoignage de Jean-Baptiste parlant de Jésus, son cousin et son cadet qui a incarné le scénario de l'expérience originelle, homologuant sa présence virtuelle dès les origines dans la personne de l'homme primitif qui a vécu cette expérience. « Avant qu'Abraham fût, Je suis. » (Jean 8,58) En apparaissant dans l'histoire, Jésus a confirmé par sa vie et par sa mort la signification du schème originel d'un sacrifice créateur et salvateur qui fut accompli aux commencements par l'homme primitif. Citons encore : *Sicut erat in principio, et nunc et semper et in saecula saeculorum* (ainsi en était-il au commencement, et maintenant et toujours, et dans les siècles des siècles). Le scénario du salut concerne l'homme de tous les temps. *Semper et in saecula saeculorum ?* Pas certain ! À l'instar de la vérité absolue, de la connaissance absolue, du bonheur absolu, nous voyons le salut collectif de l'humanité, le fameux âge d'or final, comme une chimère sans cesse poursuivie mais jamais atteinte, un état jamais achevé, un aboutissement impossible. Que sera devenu, dans un futur peut-être pas si lointain, l'homme muni de ses prothèses somatiques et intellectuelles et auquel on aura implanté des puces électroniques intracérébrales qui démultiplieront les pouvoirs de son cerveau ? Que sera l'homme dont la procréation assistée se fera en dehors du contact physique des partenaires du couple, annihilant la poésie et l'érotisme de l'approche amoureuse tout en rendant caduque l'utilité de toute morale sexuelle ? Qu'en sera-t-il alors de sa psyché ? Quel nom faudra-t-il donner à cette nouvelle entité mi-homme, mi-machine (cyborg) dont le génome aura été au surplus copieusement manipulé ? Sera-ce la fin de l'homme, à supposer que quelque avarie nucléaire, biochimique ou de quelque autre nature ne l'ait pas déjà fait disparaître ?

Le symbole de la croix. Qui est cloué sur la croix ?

Les clés des mystères ne seront pas trouvées dans la lettre des textes. Le sens de la vie humaine et du devenir de l'homme ne sera pas non plus découvert dans les écrits d'un Dan Brown ni dans *L'Énigme sacrée*[21] qui fourmille de détails historiques sans importance, souvent sujets à caution et qui déstabilisent le croyant. Il est inutile de chercher l'arche mythique de Noé ou la coupe du saint Graal. C'est dans l'âme de l'homme préhistorique, au niveau le plus profond de sa psyché et à un moment crucial de son développement, que nous pensons déceler, *in statu nascendi*, le sens de la condition humaine. Peu importe que l'existence des héros et des prophètes soit vraie, inventée ou mythique. Peu importe que leur biographie soit imaginaire, lacunaire ou inexacte, conforme ou non à la vérité historique. Seules comptent la vérité spirituelle et la symbolique que ces héros incarnent. Pharaon luttant contre Apophis, Purusha, Prajâpati sacrifiés, sont les figures emblématiques du combat victorieux du *logos* contre le chaos. Orphée, Dionysos, Jésus, agonisant sur leur croix, métamorphosent leur instrument de torture commun en symbole du drame créateur et salvateur. La croix et le crucifix, devenus emblèmes mythiques et religieux ont investi toute la chrétienté en tant qu'objets d'adoration et de vénération aux yeux des croyants et que symboles du drame originel intérieur pour ceux qui cherchent la vérité en eux-mêmes et qui voient dans l'homme crucifié la figure de l'homme universel authentique. Le mythème primordial qui fait l'objet de cet essai traduit un phénomène spécifiquement humain, la naissance et l'exercice de la conscience et du langage. La *chose* est sacrifiée pour que l'être soit libéré. De même, lorsque le fidèle accomplit certains rituels, son chaos intérieur est sacrifié pour qu'il obtienne son salut — retour à la pureté originelle. L'homme nu sur la croix n'est autre que l'homme de partout et de tous les temps. Il est l'effigie de l'homme primitif qui a vécu l'expérience originelle et celle du héros qui, par sa vie et sa mort, en a réitéré et conforté le symbolisme. Bien plus, il représente chaque homme particulier qui exerce sa conscience et en verbalise les contenus ou qui, dans le rituel, répète cette expérience en son symbolisme originel en s'identifiant à l'homme-dieu, substitut mythique de l'homme primordial. L'emblème du crucifix résume en son symbolisme les trois aspects conférés par l'expérience originelle qui font l'essence de la condition humaine et nous rappelle qu'une mise à mort sacrificielle est nécessaire pour que l'être puisse naître et soit libéré du néant. Le schème du salut se propage dans l'espace psychologique pour atteindre les mouvements de la conscience de l'individu qui se voit contraint de sacrifier son chaos afin de se maintenir dans la cohérence de son cosmos. Vouloir retirer les symboles chrétiens des lieux publics, des prétoires, des établissements scolaires, des sommets de nos montagnes et de nos bannières revient à subvertir le symbole clé de notre civilisation occidentale en phase avec celles qui, en héritières du message archaïque, professent une religion dite de salut par le sacrifice. Écarter la croix et le crucifix équivaut, eu égard à la présente thèse, à nier dans son universalité la signification de l'homme crucifié et à occulter un aspect fondamental de notre culture quelles que soient les croyances ou l'incroyance de chacun. L'inquiétude suscitée par une telle éviction est d'autant plus légitime que la chrétienté est aujourd'hui la cible de critiques et de contestations, qu'elle subit des persécutions violentes et sanglantes et que la personne, croyante ou athée, est menacée par le fondamentalisme et le fanatisme de factions religieuses et politiques radicales qui ont la vocation de conquérir la planète entière.

La révélation destinée au chrétien. Interprétation littéraliste ou allégorique ?

« La lettre tue, l'esprit vivifie. » (Paul)

La substance transmise par les religions de salut et par le message chrétien en particulier est celle-là même que délivrent la pensée et le discours des mythes cosmogoniques. Ces derniers recèlent, au-delà de leurs symboles courants, un sens caché, celui, pensons-nous, du mythème primordial qui paraphrase l'expérience archaïque de l'humanité : la naissance de la conscience interprétée comme une création salvatrice de l'être.

La *symbolique* en tant que discipline intellectuelle n'existe pas, contrairement à la logique considérée comme une science exacte à l'instar des mathématiques. Pourtant la *symbolique* a ses règles, ses codes et sa syntaxe que connaissent les poètes, ces manipulateurs de symboles, pièces maîtresses des métaphores et des métonymies dont ils usent et abusent et qui n'ont, comme les mots de Wittgenstein que des usages plutôt qu'un sens particulier. Une lecture symbolique de l'Évangile de Jean par Paul Diel évoque le cas de ces aveugles dont *les yeux s'ouvrent* quand ils ont compris le sens des paroles de Jésus que *les sourds peuvent entendre* à leur tour et celui des paralytiques, ces *inhibés* ou *ces morts à la vérité* auxquels un déblocage psychique — leurs péchés ont été remis — redonne l'ardeur qu'ils avaient perdue. Les témoignages évangéliques cachent cependant des allégories plus profondes que celles de ces « miracles ».

Personnage historique par sa naissance et sa vie publique devenu figure mythique après sa mort, l'homme-dieu chrétien, Verbe vivant, a vécu et mimé durant sa très courte existence le scénario de l'expérience originelle dont nous avons paraphrasé le déroulement. Le fait que l'authenticité des événements de sa biographie soit contestée et mise en question n'enlève rien à la vérité et à la pertinence de ce héros qui incarne l'homme universel. Peu importe que sa vie ait été calquée sur celle du messie essénien Menahem, et que ce dernier ait lui-même reçu de ses adeptes l'auréole du héros mythique. L'essentiel réside dans la signification universelle conférée à la nature humaine par l'expérience archaïque paléanthropienne qu'incarnent les héros et les dieux de nos mythologies et des doctrines théologiques. Ces productions de l'esprit constituent les supports sur lesquels sont projetées les figures mythiques, en particulier et en premier lieu celles qui expriment le fait originel et son schème *destruction* (sacrifice) *et création salvatrice*. Le christianisme a fait œuvre d'une grande pertinence en faisant *descendre du ciel* — la résidence intrapsychique du Père mythique — le dieu-homme qui devait devenir l'homme-dieu, prototype de tous les mortels, réconciliant par là *le ciel*, domaine de la spiritualité et *la terre*, notre monde matériel, notre biologie et ses impératifs. Jean reprendra les métaphores attribuées à la divinité. Celle du Père invisible, origine inexplicable de l'univers, créateur de la vie et de l'homme et celle du Fils, son envoyé, fils de l'univers et de la vie et fils de l'homme.

Le Verbe né dans un contexte biologique lors de la naissance de la conscience et du langage, puis devenu parole céleste dans les spéculations métaphysiques a fait un retour à la *terre* des hommes par le symbole de son incarnation. Contrairement à l'opinion de la tradition musulmane, le Christ n'est pas un prophète au sens strict puisqu'il n'est l'intermédiaire ni le porte-parole d'aucune divinité : il est l'homme qui se parle à lui-même. Son ombre est cachée dans la région profonde de l'être humain dont la complexité relève autant du charnel que du spirituel. Tantôt descendant du ciel, la nuit de la Nativité, tantôt y remontant le jour de son Ascension, il actualise par cette navette symbolique entre le *ciel* et la *terre* la dialectique de la vie spirituelle, royaume de l'esprit et de la vie biologique de l'homme, sa *chair*.

L'évangéliste reconnaît l'impossibilité d'un accès au monde métaphysique. « Dieu, personne ne l'a jamais vu, le Fils unique qui est dans le sein du Père, celui-là l'a fait connaître. » D'où la nécessité d'une exégèse psychologique qui permette la découverte du sens de ce message relayé par le Fils. Le retour au Père ou l'accession au royaume n'est possible qu'en passant par le sacrifice originel revécu par le Fils. Comme il en va de la spéculation indienne dont la figure tripartite de la divinité est représentée dans la Trimurti — Shiva le destructeur, Brama le créateur et Vishnou le sauveur —, la divinité chrétienne relèverait de la nature du symbole ou de l'archétype. Comme la Trimurti, elle serait, en tant que réalité intérieure, la synthèse intrapsychique des trois fonctions essentielles dont les homologies qui les lient avec les archétypes de notre mythème primordial sont manifestes. L'évangéliste, convaincu de l'intériorité de cette structure ternaire dans chaque être humain, met dans la bouche de Jésus s'adressant à ses disciples ces paroles déjà citées : « Je suis avec vous tous les jours jusqu'à la fin des temps. » L'interpellation émanant de l'ange devant le tombeau vide du crucifié confirme ces propos : « Pourquoi cherchez-vous parmi les morts, celui qui est vivant ? »

LES CONTRAINTES CULTURELLES EXTERNES
LA PSYCHOGENÈSE SELON JACQUES LACAN

Notre étude consacrée au sens des mythes cosmogoniques nous a conduit à invoquer comme fait premier, la naissance de la conscience de l'homme préhistorique survenue à l'aube de l'humanité, lorsqu'un hors-moi s'est opposé au moi, puis à conjecturer qu'une destruction était la condition de la création de l'être, ce que dénonce le rôle alloué à l'organisation archétypique dissimulée au tréfonds de notre psyché et que restitue la paraphrase : *le verbe tue la chose et crée l'*être. Cette organisation archétypique jungienne, transmise par voie héréditaire et inscrite quelque part dans les structures fines de l'organisme, serait à l'origine des schèmes en œuvre dans la psyché, elle-même élaboratrice des thèmes mythologiques — destruction, création. Souscrivant à l'hypothèse d'un inconscient collectif réceptacle du monde des archétypes, nous avons souligné le caractère contraignant de ces derniers en tant que facteurs qui dirigent la pensée et le comportement des humains.

Dès la période évolutive appelée « hominisation », l'homme historique jusqu'à l'homme actuel est, depuis son plus jeune âge, destiné à s'insérer dans un ordre social et culturel, l'ordre symbolique selon la formule lacanienne. L'enfant devra assimiler la symbolique socioculturelle et langagière déjà constituée, construite au cours des millénaires, encombrée par les règles de la vie en société, les interdits, les obligations et le langage symbolique. La question se pose alors de la nature de la conscience et de l'inconscient individuels au sein de la psyché de l'homme évolué. Pour y répondre, nous recourons à l'ouvrage d'A. Lemaire cité plus haut, *Jacques* Lacan (1977, parties I-III, p. 36-38 et 81-181) dans lequel l'auteur interprète et commente les théories de ce psychanalyste freudien difficile d'accès, père du célèbre aphorisme : « L'inconscient est structuré comme un langage. » Ayant tiré parti des découvertes de la linguistique structurale, J. Lacan a perçu les analogies qui existent entre l'organisation du langage et celle de l'inconscient, réceptacle du refoulé, son domaine de prédilection. « Le refoulé est de l'ordre du signifiant et les signifiants inconscients sont organisés en un réseau où règnent des rapports divers d'association, les liaisons métaphoriques et métonymiques surtout. Entre le conscient et l'inconscient s'est formé au fil du temps un réseau complexe de signifiants selon un modèle linguistique. C'est ce que révèle l'analyse des manifestations de l'inconscient telles que rêves, symptômes, oublis de noms, etc. » (*ibid.*, p. 37)

L'une de ces manifestations, le rêve, fournit un exemple démonstratif de l'utilisation des techniques et des procédés du langage. Production de l'inconscient constitué de signifiants refoulés et structuré en réseau, il se manifeste à la manière d'un film dont le déroulement, à l'instar de la chaîne linéaire syntagmatique du langage, utilise les rapports de voisinage ; l'axe paradigmatique étant exploité par des procédés de sélection, de substitution de signifiants, ce qui a pour effet de travestir le signifiant de référence et de transformer le message onirique en énigme. À ce propos, remarquons que, loin de renfermer des prédictions et d'annoncer des événements à venir, le rêve serait selon Jung le moyen qu'utilise l'inconscient personnel pour donner des avertissements à la conscience. Vécu fictif et allégorique, le rêve met en scène une histoire imaginée par le rêveur et racontée au rêveur qui en est le personnage central et qui en incarne à lui seul, en ses diverses composantes psychologiques, tous les protagonistes. Quant aux faits, événements et péripéties dont le rêve est le théâtre, ils ne peuvent se relier, à travers leurs déguisements qu'au seul vécu du rêveur. Les mêmes remarques sont valables pour l'analyse des productions mythologiques. Un auteur a dit fort pertinemment que « le mythe est le penser onirique d'un peuple tout comme le rêve est le mythe de l'individu ». (Dodds, 1977, p. 109). À la manière du rêve, le récit mythique concentre son scénario sur un seul personnage, l'homme universel qui joue tous les rôles de l'histoire racontée. Le héros combat son monstre ou son démon intérieur. La figure d'Adam résume à elle seule, la divinité qui impose la loi, le serpent tentateur et la femme, symbole des désirs et instincts terrestres. En fait, le mythe adamique met en scène la psyché humaine en ses mouvements et ses tendances diverses. Ce que ce message veut communiquer, c'est une vérité sur la condition humaine, un signifié global qui, pour être transmis, doit passer de l'instantanéité intemporelle du concept au récit, lequel se déroule dans le temps et fait appel à différents signifiants qui souvent sont des travestis du signifiant d'origine. Procédés d'avertissements venus de l'inconscient personnel à l'adresse de la conscience du rêveur, les énigmes du rêve sont semblables à celles des mythes, rêves collectifs qui plongent leurs racines dans l'inconscient archaïque de l'humanité, et dont les messages sont destinés à la conscience collective.

ASPECTS BIOLOGIQUE ET PSYCHOLOGIQUE

C'est un truisme de dire d'une structure qu'elle fonctionne et qu'un fonctionnement est toujours celui d'une structure. Les mouvements et agissements programmés d'un robot ne seront compatibles qu'avec sa structure propre, celle qu'a conçue son constructeur. De même, le comportement physique et psychique d'un vivant ne pourra se réaliser s'il s'écarte des possibilités offertes par la structure du système neurocérébral hérité. Le fœtus qui vit et se développe en symbiose avec l'organisme maternel fera sa croissance selon une relation de dépendance complète envers lui, sans intermédiaire. Relié par le cordon ombilical, il en est totalement dépendant pour l'alimentation en oxygène et en nutriments ainsi que pour l'élimination de ses déchets. Le système nerveux, en tant qu'il régit l'activité sensorimotrice et psychique du fœtus — rudimentaire en ce stade primitif du développement — ne dépend pas en revanche du système neurocérébral maternel. Il constitue une réalité séparée, individuelle et autonome, certes en contact étroit avec l'environnement intra-utérin mais sans relation directe avec le système neuropsychique maternel. L'entité psychologique correspondant à ce stade fœtal, libre au surplus de toute emprise exercée par le monde extérieur physique et social, est désignée par différents vocables tels que *soi originaire* ou *primaire*, *soi intime* ou *soi autonome*. Pour rester dans le cadre de cet essai et eu égard à ce que le soi autonome est appelé à devenir, nous sommes tentés de l'appeler le *soi chose*, parce que non nommé, non parlant, vierge de toute influence du milieu social, culturel et langagier. Plusieurs mois après sa naissance, alors que l'enfant fait son entrée dans le milieu social, la relation immédiate qui le lie à sa mère sera concurrencée de jour en jour par une relation médiate établie par l'ordre social et culturel et par le langage — le conscient collectif acquis, par opposition à l'inconscient collectif hérité. Le soi deviendra un sujet social et culturel, un sujet nommé, pensant et parlant, distinct des personnes de l'entourage, un *je* singulier, opposé à un *tu* et à un *il*, jouissant de sa subjectivité, distinct du *hors-moi*, c'est-à-dire conscient de lui-même, des autres et de son environnement. (A. Lemaire, p. 102-103)

LA FENTE PREMIÈRE *(DIE SPALTUNG)*

Jusqu'à son accès au langage et à l'ordre symbolique, le petit de l'homme, pratiquement complètement hominisé au plan anatomique mais pas encore humanisé par le milieu socioculturel, vit dans une relation immédiate de soi à soi et de soi à sa mère, sans aucun intermédiaire, dans un univers sans mots et sans signes. La médiation par le langage, par les règles, les codes et les interdits de l'ordre symbolique interviendra ultérieurement. N'étant pas encore appelé sujet, le petit enfant est dépendant, certes de l'assistance et de l'amour maternels, mais autonome vis-à-vis de la société humaine qui ne le prendra que plus tard sous sa domination tutélaire. Une fois investi et enveloppé par l'ordre symbolique, le soi autonome se doublera d'un sujet distinct des autres, conscient, éduqué et façonné par la culture. Dans l'esprit de J. Lacan, ce sujet ne répond pas à une entité unique et homogène englobant le soi intime qui serait purement intégré en lui mais à un être duel, objet d'une division en un soi autonome intime et authentique et en un sujet social et culturel. Alors se pose l'hypothèse d'un comportement humain résultant d'une dialectique entre les contraintes de l'inconscient collectif hérité et les sollicitations du conscient collectif acquis.

Ce sont les signes de l'ordre symbolique et du langage venus se substituer aux empreintes psycho-cérébrales du vécu prélangagier et préculturel qui engendreront cette scission (*Spaltung*) (*ibid.*, p. 100). La schizophrénie qui a marqué l'entrée de l'enfant dans l'ordre symbolique sera l'occasion plus tard de désordres psychiques du type de la névrose ou de la psychose lorsque le soi autonome et le sujet de la culture s'éloigneront l'un de l'autre au fur et à mesure que les signifiants de l'ordre symbolique et du langage viendront remplacer les traces du vécu intime (*ibid.*, p. 36). Le psychanalyste soutient donc qu'il n'y a pas continuité dans le développement psychique de l'être qui passe du stade de fœtus à celui de nouveau-né pour parvenir enfin à celui de sujet social. Ce dernier ne serait pas une simple transformation humanisée du soi autonome originaire qu'il aurait intégré. L'un et l'autre subsisteraient après l'accession de l'enfant à l'ordre symbolique, le soi autonome étant simplement refoulé[22].

Rappelons que la structure et le fonctionnement du système nerveux sont hérités, contrairement au langage et aux autres comportements culturels structurés, de sorte que chaque être, dès la naissance, sera modelé et conditionné par l'ordre symbolique et le langage ambiants. Si la langue maternelle n'est pas transmise par voie héréditaire, en revanche, les structures anatomiques et les agencements nerveux de l'appareil langagier le sont. Le linguiste Noam Chomsky attribue pour sa part une origine génétique à une neurostructure minimale du système de la parole, le noyau fixe mentionné plus haut qui a pour fonction de relier le sujet à son prédicat comme c'est le cas du mythème de Claude Lévi-Strauss, construit selon la même relation syntagmatique (Lévi-Strauss, 1958, p. 227 et *sq.*)

DU *SOI CHOSE AU SUJET* ÊTRE CONSCIENT, PARLANT, SOCIALISÉ ET CULTUREL

Déterminé en grande partie à la naissance par les archétypes contraignants de l'inconscient collectif héréditaire, l'être humain, dès son entrée dans le corps social, doit faire face à un système non moins asservissant qui va le conditionner, l'ordre symbolique socioculturel — le conscient collectif —, système dans lequel il devra s'insérer sous peine de tomber dans la marginalité ou dans la maladie mentale. Lacan sera amené à parler d'une division du sujet (*Verspaltung*) en un *je suis d'existence*, intime, profond, impersonnel, *infans* (ne parlant pas) inculte et s'ignorant lui-même, le soi autonome dont il a été question plus haut, et en un *je suis de sens*, culturel et social incorporé dans la conscience collective, sujet conscient et parlant, disposant d'une subjectivité, se connaissant comme étant à l'origine de ses actions, capable de se désigner par un *je* opposé à un *tu*, à un *il* et à tout ce qui l'entoure, disponible et coopératif dans le vaste système d'échange qu'implique la vie en société. Je suis conscient de quelque chose qui n'est pas moi ; je suis conscient de quelqu'un qui n'est pas moi. « Le langage est donc la condition de la prise de conscience de soi comme entité distincte. » (*ibid.*, p. 103)

Cette division de l'être s'instaure très tôt dans la vie de l'enfant, au moment de son passage dans l'ordre symbolique et langagier, aux alentours du vingtième mois de son existence alors qu'un hors-moi s'oppose au moi au plan de la réalité, du comportement et du langage. L'homme préhistorique, qui a vécu l'expérience de la naissance de la conscience comme une scission de l'être, est passé par là avant lui avec cependant cette différence capitale qui démarque l'enfant contemporain de l'enfant préhistorique: pour le premier, l'ordre symbolique et le langage sont déjà là comme un prêt à assimiler alors que pour les hommes préhistoriques, ils étaient à construire par le collectif social.

Pour Lacan comme pour Freud, la socialisation de l'enfant dépend en grande partie de la solution apportée au problème de l'Œdipe. « L'interdit de l'inceste est la structure sous-jacente à l'organisation des sociétés, et de sa solution va dépendre son devenir social. Phéno-mène de l'Œdipe et phénomène du langage convergent pour assurer au tout jeune enfant la prise de conscience totale de son autonomie de sujet sociétaire [...]. Dans l'Œdipe, l'enfant passe d'une relation immédiate et sans distance avec sa mère à une relation médiate grâce à son insertion dans l'ordre symbolique de la famille qui distingue parents et enfants, leur donne un nom et une place de sujet singulier. Dans l'Œdipe, le père joue le rôle de la loi symbolique qui instaure le triangle familial, en actualisant sous son chef l'interdit de l'union avec la mère. Un défaut grave de l'Œdipe rive l'enfant à la relation immédiate, le prive de sa subjectivité et le rend incapable d'opérer la substitution symbolique inhérente au langage. » (A. Lemaire, p. 37-38) « Il faut renoncer à l'union avec la mère, la refouler — refoulement originel — pour que naisse la conscience du *je* singulier et social. » (*ibid.*) Ce qui est interdit est aussi ce qui doit être sacrifié et, partant, refoulé dans l'inconscient. La relation charnelle immédiate avec la mère était vitale pour le fœtus. La rupture du cordon ombilical symbolise ce sacrifice, condition du développement social de l'enfant, de son devenir conscient et de son accès à la subjectivité.

LA *REFENTE* DE LACAN OU L'ALIÉNATION DU SUJET DANS SON PROPRE DISCOURS

« *Je est un autre.* » (Arthur Rimbaud)

Survenant après la fente première, alors que la division de l'être est opérée grâce à l'intervention médiatrice du langage et de l'ordre symbolique responsable de la séparation du soi autonome et du sujet parlant, social et culturel, la *refente* concerne la division de l'être, non plus sous l'effet d'une médiatisation venant de l'extérieur, l'ordre symbolique et le langage institué, mais par l'intervention d'un médiateur intérieur au sujet qui n'est autre que son propre langage. « Se médiatisant lui-même par son discours, le sujet se fige dans ses énoncés, en ses rôles sociaux et la totalité de ceux-ci s'édifient peu à peu en un *moi* qui n'est pas le sujet, lequel apparaît masqué et fuyant dans le discours. » (*ibid.*, p. 127-128) À se nommer (*je*) et à nommer les choses, le sujet naît à la conscience de soi en tant qu'entité individuelle distincte et fait naître à sa conscience le monde qui l'entoure. Le sujet s'aliène dans son discours et s'y perd peu à peu. « Le sujet dans le discours qu'il promeut sur lui-même s'éloigne progressivement de la vérité de son essence. » (*ibid.*, p. 37) Le dit, ou le signe qui remplace le vécu et ses retombées dans le psychisme, n'est pas le vécu. « La manifestation de l'essence dans le discours parlé n'est pas l'essence. » (*ibid.*, p. 37) Cette conception sera le fondement de l'interprétation lacanienne des névroses. « De même qu'il a été dit que le mot engendre le meurtre de la chose, qu'il faut que la chose se perde pour être représentée, de même, le sujet, à se nommer dans son discours ou à être nommé par la parole de l'autre, se perd dans sa réalité ou sa vérité. » (*ibid.*, p. 133) Lacan dira que l'énoncé « Je suis ce que je pense, donc je suis » divise le *Je suis d'existence* et le *Je suis de sens*. Il considère cette *refente,* l'*Ichspaltung* de Freud, comme principielle et comme le premier jet du refoulement originel (*ibid.*, p. 133). Par le refoulement primaire, l'*Urverdrängung* de Freud, le soi d'existence se perd dans l'ordre symbolique pour y être refoulé et plonge dans ce que le psychanalyste de Vienne nommera l'inconscient. Lacan ajoute que le sujet de l'énonciation, celui qui accomplit l'action d'énoncer, n'est pas le sujet de l'énoncé, c'est-à-dire celui qui figure dans le discours, dans lequel le premier n'est que représenté (*ibid.*, p. 125) et, partant, souffre d'un manque à être (*ibid.*, p. 125-126)

« Conséquence de la première fente, le sujet se médiatise lui-même par son discours, détruit la relation immédiate de soi à soi et se construit dans son langage tel qu'il se veut voir ou se faire voir pour s'y aliéner. » C'est la *refente* du sujet socioculturel (*ibid.*, p. 118). « L'arrivée de l'enfant dans l'ordre symbolique et son accès au langage pourvoit le sujet d'une individualité mais l'impossible coïncidence du *je suis d'existence* et du *je suis de sens* les distancie et aliène le sujet (*ibid.*, p. 127). Le *moi* est ce qui s'oppose le plus sûrement à la vérité de l'être [...]. Le *moi,* c'est l'autre de nous-même plaqué sur soi comme un moule inadéquat (*ibid.*, p. 127-128). Par son discours, le sujet se façonne et se dissimule à lui-même et aux autres. Au fil du temps se creuse la distance qui sépare le sujet de sa vérité [...]. Ce qui restera de plus véridique et de plus essentiel dans la personnalité, c'est le dessous du masque, le refoulé — espace de l'inconscient —, la Nature, la vie en somme, infléchie par une force supérieure. Alors qu'au contraire du côté du masque, c'est-à-dire du discours, et du côté du moi et du comportement social, le sujet prolifère sous les formes multiples qu'il se donne ou qui lui sont imposées (territoire du conscient). » (*ibid.*, p. 123-124) Sartre dit dans *L'Être et le Néant* : « L'homme est cet être qui est ce qu'il n'est pas et qui n'est pas ce qu'il est. » Aurait-il perçu cette contradiction de l'essence et du paraître qui asservit le sujet, esclave de son moi masqué et de son discours mensonger ? Aurait-il distingué par ailleurs la différence que fait Lacan entre le soi d'existence, le soi autonome, intime, originaire, immanent et le soi de sens, socioculturel, conscient et parlant, façonné par la communauté humaine ? Le soi autonome *existe* mais n'est pas. Relativement au soi culturel, il représente la partie *chose* du sujet. Il s'ignore et, n'étant pas lié à une conscience qui n'est pas encore née, il n'est ni conçu ni dit. Le soi social *est* mais n'existe pas, n'étant que représenté. C'est la partie être conscience du sujet baignant dans la lumière de la conscience collective. Venu s'insérer dans l'ordre symbolique transcendant qui va le conformer, le conditionner et le normaliser, il y sera aliéné et en restera prisonnier sa vie durant.

CERTAINES MODALITÉS DE LA PSYCHOGENÈSE LACANIENNE RAPPELLENT LES MÉTAPHORES DES MYTHES COSMOGONIQUES

Usant de l'allégorie, de la métonymie, des substitutions d'archétypes, etc., qui rappellent les procédés spécifiques du langage, les récits mythologiques, produits de l'inconscient collectif, sont censés décrire de manière imagée et symbolique les mouvements de la psyché. En l'occurrence, les allégories en question consistent en une conversion en images du processus psychique de l'expérience originelle que vécurent les premiers hommes lors de leur accession à la conscience et au langage, expérience dont les résidus psychiques significatifs se retrouvent dans nos métaphores : *le verbe tue la chose* et *le meurtre de la chose crée l'*être.

La démarche du psychanalyste elle-même ne peut

se soustraire à l'influence prégnante des archétypes de l'inconscient collectif. On y retrouve les processus psychiques universels qui ont été dégagés dans l'étude des mythes cosmogoniques et qui ont donné naissance à leurs divers scénarios et mises en scène. L'avènement de la conscience humaine et du langage remonte à des temps immémoriaux. Oublié, refoulé, caché dans l'inconscient de l'humanité, cet événement ne peut être restitué que par des images. Signifié unique, il tient lieu de référent à des symboles multiples que nous avons appelés des équivalents symboliques — jour, lumière, soleil, etc. — et qui interviennent dans le discours des mythes à titre de signifiants. Les schèmes lacaniens de perte ou de perdition de l'être ou d'une partie de l'être, de naissance et de salut appliqués au sujet humain promu au rang de membre de la société des hommes, les mythes en avaient fait la matière de leurs métaphores cosmogoniques pour traduire les thèmes de destruction, de création et de salut qui sont les étapes psychologiques de l'accession à la lumière de la conscience.

Par le *sacrifice* de la *chose*, le chaos devient cosmos. Par celui du soi autonome, le sujet naît à la communauté des hommes en tant qu'être conscient, parlant, social et culturel. Le sacrifice de l'union charnelle avec la mère, vitale pour le fœtus et le nourrisson, serait la condition de l'accès à la subjectivité, conquête du sujet social.

Un chaos originaire, ou un néant initial de conscience et de langage, préexiste à l'avènement du sujet social parlant, chaos qui rappelle le vide mental précosmogonique

— conception d'une création mentale du monde — qui régnait dans la psyché de l'homme préhistorique avant que n'advienne la conscience, fruit de l'expérience archaïque. Le soi intime, originaire, représentant la totalité de l'être à ce stade primitif ne connaît donc ni subjectivité ni objectivité. En l'absence de mots et de signes, la relation autiste de soi à soi ne peut être qu'immédiate, par images interposées, sans intermédiaire[23].

La division intrapsychique ou la *séparation* du moi d'avec un hors-moi sera la condition de la naissance de la conscience, phénomène traduit de manières imagées par les mythes cosmogoniques. La fente (*Spaltung*) décrite par le psychanalyste consiste en la division de l'être qui se produit lorsque l'enfant fait son entrée dans l'ordre symbolique et langagier. Le soi autonome sera séparé du sujet en voie de socialisation à la suite de la substitution des signes et des symboles venus remplacer les empreintes psychiques de son vécu intime. À cette première scission intrapsychique de l'être succède, comme en écho, un deuxième processus séparateur intrapsychique (*Ichspaltung*) et que Lacan appelle la *refente* par laquelle le sujet s'auto-médiatise par son propre discours qui va l'éloigner encore davantage du soi authentique et autonome.

Investi par l'ordre symbolique, le soi autonome est réprimé, refoulé, sacrifié pour que naisse l'être social conscient. Un tel refoulement qualifié de primaire coïncide avec cette naissance dont il est la condition. Inconscient et conscient seront désormais les deux faces complémentaires de la psyché. Ce refoulement consécutif à l'entrée du sujet dans l'ordre symbolique fait que le soi autonome y est exilé. Retenu prisonnier, il s'y aliène et s'y perd. Du point de vue de la conscience, cette situation imposée au soi autonome est assimilée à un refoulement répressif qui le détruit. Comme il en est des cosmogonies, cette destruction sera la condition de la naissance et du développement de l'être conscient, pensant et parlant, intégré dans la société humaine.

La naissance ou la *création* de l'être conscient qui se sauve (*salut*) en entrant dans l'ordre symbolique et dans le circuit des échanges régissant la collectivité humaine signe une étape décisive de la transformation hominisante et humanisante du précurseur de l'homme. L'être est parvenu au salut, à son accession à l'humanité, au statut d'*Homo sapiens sapiens*. Désormais, en œuvrant en coopération avec ses semblables, il aura pour vocation la conquête spatiale et cognitive de sa planète et celle du cosmos qui l'entoure.

À comparer la psychogenèse lacanienne et les métaphores des cosmogonies, quelques aphorismes au caractère caricatural, nous le concédons, viennent à l'esprit : *le conscient collectif social et culturel* [le verbe] *tue le soi intime pour que naisse l'être social. L'ordre symbolique et culturel et le langage sacrifient* [répriment, refoulent] *le soi chose* autonome, non parlant et non façonné par la culture pour la sauvegarde de l'être socioculturel. *La répression ou le meurtre du soi intime est la condition de la création de l'être social.* Le soi autonome a le rôle du monstre de nos mythes que le héros-sujet conscient doit sacrifier afin que la personne soit réalisée dans son humanité.

L'ESPACE TÉNU DE LA LIBERTÉ HUMAINE

Selon les conceptions psychanalytiques qui précèdent, l'être humain se trouverait sollicité par deux puissances intransigeantes qui le soumettent[24]. Asservi par l'inconscient collectif et ses archétypes despotiques en profondeur, il subit en surface l'oppression de la chape de l'exister et du penser collectif qui lui est imposée depuis son plus jeune âge. Inconfortable situation que celle de cet être coincé entre ces deux contraintes, l'une immanente, spécifique à la race humaine, l'autre transcendante, propre à la civilisation dans laquelle il est né ! Assujetti par deux dynamiques qui le dépassent, il n'est pas toujours sûr de jouir de son autonomie ni de pouvoir exercer sa liberté. Fait remarquable, face à la pensée unique de certaines collectivités déviantes, les positions courageuses et exemplaires d'un Soljenitsyne, d'un Pasternak, d'un Sakharov et de son épouse forcent l'admiration.

APHORISMES, MÉTAPHORES ET PARAPHRASES

Le caractère épistémologique de l'expérience archaïque qui sépara le sujet de l'objet n'est pas la seule marque de la transformation hominisante. Un autre aspect de cette expérience, éthique celui-là, entretiendra chez l'humain une préoccupation qui le hante depuis les origines et l'incite à promouvoir les fonctions mentales qui donnent accès à la spiritualité dans le souci inconscient d'un non-retour à l'animalité, particulièrement à la violence aveugle qui la caractérise tout en prônant le respect et la sécurité et la préservation de l'individu. Traçant deux routes parallèles, c'est donc une double perspective axiologique épistémologique et éthique qu'ouvre l'expérience originelle. Progressant dans une même direction, ces deux orientations canaliseront les comportements humains et exerceront leur influence sur le devenir cognitif et éthique de l'homme. Dans les deux cas, la connotation sotériologique est évidente. L'être est délivré du chaos par le Verbe et l'humanité, libérée de l'animalité, est en marche vers un but inconnu, idéal. Grâce aux lois qu'elle se donne, elle se maintient dans l'espoir de se conserver et de se sauver. Le développement psychomental qui a suivi la création de l'être par le Verbe, ajouté à la distance prise sur l'animal prisonnier de ses instincts biologiques, tout parle en faveur d'une tendance générale censée engager l'humanité dans un avenir de spiritualité. Il est cependant impensable que l'homme soit un jour totalement libéré des contraintes biologiques et matérielles.

Les comportements humains étant déterminés par les deux axes, épistémologique et éthique évoqués plus haut, de nouveaux aphorismes peuvent être formulés. La différenciation du sujet et de l'objet ou la fracture épistémologique introduit la question de l'idéalisme inévitable (voir note 25) dans l'approche du processus de la connaissance. Georges Berkeley disait : « Être, c'est être perçu. » Gageons que si la *chose* pouvait parler, elle dirait : « Je suis pensée par quelqu'un, donc je suis. » Parménide affirmait : « Penser et être sont les mêmes. » Pour Protagoras d'Abdère : « L'homme est la mesure de toutes choses, de l'être de celles qui sont, et du non-être de celles qui ne sont pas. » René Descartes nous a légué son *cogito* : « Je pense donc je suis. » Disons dans le sillage de ces grands esprits : Être, *c'est penser*. Je suis tel que ma pensée le pense ou me pense. Le monde est (provisoirement) tel que je le pense. Être, *c'est être pensé* ou être dit, assertions qui ne nient aucunement l'existence en dehors de notre psyché, au titre de *chose*, de ce qui n'est ni pensé, ni perçu ni conçu ni dit, de ce qui est absent de notre conscience et qui n'a le statut ni de l'objet ni de l'être. Le réel, nous ne le connaissons que par notre psyché interposée, un prisme parfois trompeur[25].

C'est une banalité de dire que la spécificité du langage humain consiste en son caractère symbolique. Tout signifiant est le porte-parole d'un réel et tout signifié est la représentation de ce réel. Comment ne pas s'exprimer par symboles et par métaphores, et comment ne pas se servir d'aphorismes et de paraphrases ? Les grands penseurs qui viennent d'être cités en ont abondamment usé. Leurs formules trahissent une conception idéaliste de l'ontologie, en même temps qu'elles rendent compte de l'activité du sujet et du résultat de cette activité : l'apparition de l'être. Ces penseurs n'ont fait que traduire par des paraphrases un mécanisme mental profond et compliqué dans le but de résumer une théorie qui aurait exigé, pour son exposition, de longs développements si ce n'est de nombreux volumes.

Dans le cadre du présent essai, plusieurs aphorismes secondaires peuvent être tirés de celui que nous avons considéré comme primordial — *Le verbe tue la chose et crée l'être*. Il s'agit d'aphorismes à caractère épistémologique et ontologique ou à caractère éthique, dont les expressions symboliques dévoilent la présence agissante des archétypes primordiaux liés chacun à un autre terme du mythologème selon la structure sujet/prédicat.

APHORISMES EN FORME DE SUJET/PRÉDICAT
AYANT UNE SIGNIFICATION ÉPISTÉMOLOGIQUE ET
ONTOLOGIQUE EN RELATION AVEC LA CRÉATION

[*Le verbe*] [*tue la chose*]
[*Le verbe*] [*libère l'*être (du néant)]
[*Le meurtre de la chose*] [*crée l'être*]

[*Le sacrifice de la chose*] [*crée l'être*]
[*Le sacrifice*] [*est créateur*]
[*Le sacrifice*] [*est libérateur*]

Dans les récits cosmogoniques, la création de l'être est illustrée par le concept de naissance, de renaissance et de résurrection. La création, qui est une libération hors du néant, confirme l'aspect sotériologique de toute ontogénie, comme de toute anthropogénie et de toute cosmogonie.

Comme dit plus haut, notre mythologème primordial formulé en termes très généraux devient : [*Le* logos] [*tue le chaos*] et [*crée le cosmos*][26].

Sont corrélatifs à nos yeux, d'une part la conquête inlassable du savoir, inséparable de celle de la planète et de l'espace, et d'autre part la préoccupation de préserver et de conserver l'organisme social dont c'est le rôle des codes, des règles et des lois d'en assurer l'organisation cohérente. Le souci de l'observance de l'éthique et de ses règles répondrait à un fantasme collectif entretenu par la promesse d'un dénouement fabuleux du destin de l'homme dans un au-delà mystérieux. Aspirée par le futur, l'humanité est en marche vers un but inconnu et imprévisible, ne sachant où elle va ni pourquoi elle y va, mais elle y va. C'est le mystère impénétrable de l'homme, de son existence et de celle du monde que personne n'a jamais pu percer.

APHORISME À SIGNIFICATION ÉTHIQUE

La conquête cognitive va de conserve avec un élan évolutif qui l'incite à aspirer à la spiritualité, domaine du ciel et à se distancier de l'animal, à renoncer aux désirs et aux instincts, domaine de la terre, la Terre-Mère. Le devenir de l'humanité ne dépend donc pas seulement d'un sauvetage de l'être, que le Verbe tire hors du néant, mais il est aussi conditionné par une obsession selon laquelle il doit être prémuni contre toute régression involutive vers l'animalité. L'obstacle tout désigné à ce programme devait être personnifié par la femme, proche de la nature par sa condition de procréatrice et dont l'image dans le mythe est celle d'une tentatrice, complice de Satan. Il n'est pas étonnant que le comportement éthique supposé satisfaire à l'élan évolutif orienté dans le sens de la spiritualisation ait inspiré aux religions des règles qui pourraient se récapituler dans cet aphorisme dont nous mettons entre parenthèses les équivalents symboliques :

[*L'esprit* (le Ciel, le Père)] [*maîtrise* (tue, vainc, domine) *la chair* (la terre, la terre-mère, les instincts) *et* conduit au *salut*.]

Les cosmogonies ont fait du héros la personnification anthropomorphisante du verbe, de la conscience. Sous l'égide du Père-Ciel, du Père-Esprit, il sort toujours vainqueur dans son combat contre le monstre terrestre ou marin, symbole du chaos et image des instincts animaux, de la matière, de la terre, de la Terre-Mère, de la Mère Tiamat. En fait, leur message émane du tréfonds de notre inconscient collectif où seraient inscrits les injonctions et les interdits compatibles avec le sens d'une évolution humaine orientée vers la spiritualité.

À considérer les rôles joués par les figures mythologiques, une remarque vient à l'esprit. Le Père-Ciel, fécondateur, étant du côté masculin, la mère, la Terre-Mère, la matière, la terre fertile, du côté féminin, une sexualisation de nos archétypes serait à l'origine du statut ingrat de la femme déjà diabolisée par le mythe, statut perceptible dans la vie sociale, politique et religieuse passée et actuelle. Les figures mythiques traduites par les métaphores du Père, de la Mère, du Fils et de la Fille ou d'un être androgyne répondent en fait à des entités asexuées, les concepts auxquels elles renvoient étant du genre neutre. Comme les anges, elles n'ont pas de sexe. Le sens allégorique de ces figures engagées dans le scénario mythologique ne doit donc rien à la biologie et ne relève que de la psychologie. Alors que partout dans le monde, la femme s'émancipe, pratique tous les métiers et tient des rôles importants dans la vie sociale et politique, les femmes juives, catholiques, musulmanes et indiennes sont victimes du même préjugé qui les dévalorise. Relevons que dans la totalité psychique de tout être humain sont présents les deux principes archétypiques jungiens, l'un masculin, l'*animus* et l'autre féminin, l'*anima*[27]. La complémentarité de l'homme et de la femme étant admise, il ne peut être question d'une infériorité de l'un ou l'autre sexe ni de soumission de l'un à l'autre. L'exclusion de la femme de certaines fonctions n'est pas compatible avec une égalité de principe qui n'a pu s'imposer qu'après de longs siècles. Cela dit, sur le plan de la pensée mythologique, certains féministes ne parviennent pas à se débarrasser de cette conception fondamentaliste selon laquelle Dieu est vu comme le père au sens littéral dans l'apparence de sa masculinité physique et psychosociale, alors qu'il est le *père* symbolique de toutes ses créatures. Substitut de l'Homme primordial et Verbe incarné, l'homme-dieu du mythe chrétien ne peut avoir de genre. Il est le modèle qui s'applique à tous les êtres humains. De même, dans la tradition chinoise, le Tao est la *mère* de tous les êtres. Vouloir féminiser le symbole ou l'archétype Dieu ou homme-dieu n'a pas plus de sens que de vouloir attribuer le sexe masculin à la figure génitrice du Tao chinois.

CONCLUSIONS

POURQUOI L'INTITULÉ DE CET ESSAI ?

Comparée à celle de l'homme de la préhistoire, la psyché de l'homme moderne, n'a apparemment pas changé de manière substantielle. Les mécanismes intrapsychiques que cachent les mythes cosmogoniques se retrouvent chez les penseurs, les concepteurs, les artistes de tous les temps jusqu'à l'époque contemporaine. Les mêmes schèmes et les mêmes thèmes font référence à la naissance et au développement de la conscience et nous dévoilent d'une manière allégorique le mystère de la Création en ses modalités essentielles. Dans le contexte d'un néant ou d'un chaos initial, s'opèrent la séparation ou la destruction d'une entité informelle, conditions de la naissance de l'être. Dans la perspective d'une création mentale du monde telle qu'elle est postulée dans cet essai, ce néant, ce vide précosmogonique désigne la vacuité psychique préconsciente du précurseur humain de laquelle sont nés les constituants du monde.

À travers le déroulement de leur scénario, la plupart des mythes cosmogoniques nous délivrent le même message : le *salut* ou la libération de l'être est obtenu par un sacrifice, celui de la *chose*, œuvre du *logos* créateur. Si notre spéculation devait être recevable, nous tenons là l'héritage caché qui nous vient des lointains paléanthropiens coupables de leur crime collectif perpétré envers le néant préconscient, crime qui déstabilisa l'Un indifférencié — la totalité psychique inconsciente — et dont les religions en font encore payer le prix.

Fait exceptionnel survenu dans la nuit des temps, l'expérience ancestrale de l'avènement de la conscience constitue, avec l'apparition du langage symbolique, un moment clé de l'hominisation, celui du *fiat lux* illuminateur des commencements. Quant au terminus de l'évolution d'une humanité propulsée dans sa marche en avant à la conquête cognitive et spatiale de l'univers, et pour autant qu'elle y parvienne un jour, il reste inconnu et imprédictible. Dans l'actuel, le salut de l'homme résiderait dans la préservation de ses acquis, c'est-à-dire de son cosmos mental vital et dans la sauvegarde et le maintien de son potentiel de conquête. Dans quel but ? Pour aller où ?

LE VERBE TUE LA CHOSE ET CRÉE L'ÊTRE

Que représente notre *mythème primordial* eu égard à ce qui s'est passé dans la psyché du paléanthropien ? Paraphrase à caractère abstrait, composée de mots de notre temps, invoquant des concepts relevant de l'épistémologie, de l'ontologie et de l'éthique, il traduirait l'expérience archaïque de la naissance de la conscience. À quels processus et à quels mouvements marquants du passage de la paléo-psyché à la psyché constituée de l'homme évolué se rapporte-t-il ? Comment sont nés les archétypes du héros, du monstre, du sacrifice, de la

Création ? Comment s'est opérée la symbolisation qui est passée de la tête des paléanthropiens aux mythes cosmogoniques que ces derniers nous ont transmis ? De quelles réalités psychologiques notre mythème est-il le reflet ? Quelle est la signification des archétypes qui le composent ?

Pour illustrer notre spéculation, le tableau suivant nous aidera à saisir la succession des paradigmes dont les colonnes correspondent à chaque élément syntagmatique (sujet ou prédicat) de notre mythologème. Il devrait faciliter la compréhension de la symbolisation de ce qui s'est passé dans la psyché des premiers hommes, lorsqu'ils ont conquis de haute lutte la conscience réflexive et le langage, ces deux fleurons de l'hominisation.

LE VERBE	TUE	LA CHOSE	ET CRÉE	L'ÊTRE
Héros, divinités, esprits initiateurs, armées des bons guerriers	massacres séparations, démembrements, tortures, supplices destructions, sacrifices	monstres ophidiens, dragon, démons néant, nuit, ténèbres, abîmes, eaux primordiales	et obtient	la victoire la lumière, le jour, le soleil la conscience
La psyché	combat intérieur	l'inconscient ou le préconscient	accède à la conscience	à l'être
Sartre : le langage et la conscience	néantisation	l'en-soi	fait surgir	l'être pour-soi

LA CHASSE AU PALÉOLITHIQUE. UN PARALLÉLISME PSYCHO-PHYSIOLOGIQUE

Pour tenter une interprétation de la genèse des archétypes liés à la cosmogonie mentale dont il est question dans cet essai, nous sommes enclins à favoriser l'hypothèse du rôle de l'activité biologique située aux niveaux infrapsychologiques, en particulier à celui de la physiologie de la nutrition. Des pratiques devant assurer l'alimentation quotidienne, nous retenons celle de la chasse, d'abord exercice instinctif et banal que viendront par la suite auréoler les caractères d'un comportement rituel. Un parallélisme psychophysiologique a pu faire naître dans l'esprit du chasseur l'idée d'un rapprochement de cette pratique avec ce qui se passait dans son cerveau lorsqu'il accéda à la conscience et qu'il commença de parler. Comme c'est le sort de l'aliment végétal, l'animal chassé puis consommé disparaît du milieu naturel pour être assimilé par l'organisme et constituer un facteur essentiel de survie. Par analogie, la chose non dite et non conçue, extérieure à la psyché, a été par l'action du *Verbe*, dépossédée de son statut de *chose*, éliminée du néant et sacrifiée pour naître et se voir élevée au rang de l'être en tant que contenu de la conscience. Une fois conçue et nommée, une non-entité a été promue au rang des réalités psychiques, royaume de l'être. Le gibier devenait dans la pensée inconsciente du chasseur, la bête ou le monstre qui hantaient ses mythes. À leur tour, ces symboles répondaient à quelque chose de plus profond, que son inconscient retenait enfoui sous la forme de traces non verbalisables mais pouvant être restituées par des images se rapportant à l'événement unique de la naissance de la conscience et du langage, à l'expérience originelle au terme de laquelle la naissance de l'être est subordonnée au meurtre de la *chose*. Le chasseur qui mettait à mort l'animal s'identifiait au sacrificateur, et, de nourriture à partager, le gibier devenait victime sacrificielle. La chasse devait vraisemblablement s'inscrire dans une mystique du gibier comme le suggèrent les splendeurs des bestiaires de l'art pariétal exécutées dans une ferveur quasi religieuse. La nécessité de tuer l'animal pour survivre a pu susciter dans l'inconscient des chasseurs préhistoriques l'idée d'une analogie mettant en correspondance l'action de chasser avec les premiers archétypes nés de l'expérience originelle : sacrifier la *chose* était la condition de la naissance de l'être. Le chasseur devenait la figure emblématique du héros mythique et le gibier, victime immolée, était revêtu des caractères du monstre, suppôt du chaos. Selon cette interprétation, les allégories cynégétiques primitives auraient fourni la matière des allégories cosmogoniques, héros contre monstres, elles-mêmes allégories du drame intrapsychique, *Verbe* contre *chose*. De tels procédés de la pensée archaïque inconsciente collective selon lesquels une allégorie d'allégorie ou un signifiant de signifiant fait retour au même signifié — l'expérience originelle —, laissent entrevoir la grande complexité du système symbolique. Comme celui du rêve, le récit du mythe qui prend sa source dans l'inconscient collectif dissimule sa symbolique polyvalente. Reportons sur les lignes horizontales d'un tableau les paradigmes répondant aux symboles de ce parallélisme psycho-physiologique induit par la chasse des paléanthropiens.

LE RÉEL BIOLOGIQUE	LE PSYCHOLOGIQUE	LE MYTHOLOGIQUE
Le chasseur →	Le logos →	Le héros
Le gibier →	Le néant, le chaos pré-conscient, la chose →	Les monstres Les dragons
Chasser, tuer sacrifier →	Affrontement des tensions psychiques antagonistes. Efforts de conscientisation de la psyché →	Les combats mythiques
La survie →	La conscience constituée, l'être créé →	La victoire du héros La création mentale du monde

Le psychologique est la traduction mentale du biologique ; le mythologique est la symbolisation de cette traduction mentale. Les tensions antagonistes engendrées dans la psyché par l'action de chasser — chasseur contre gibier, *logos* contre chaos mental — seront résolues par la naissance de l'être, homologue de la survie biologique, et seront répercutées sur les cosmogonies mentales.

Selon l'hypothèse développée dans cet essai, les correspondances et le parallélisme dégagés par cette conception de l'anthropogénie font pressentir au-delà du meurtre du monstre mythique et au-delà de la mise à mort du gibier, l'allégorie d'un meurtre encore plus ancien et plus mystérieux, celui de la *chose* non encore connue ni dite, cachée dans le monde informe du non-dit, du chaos et du néant mental, la *chose* qui sera sacrifiée par l'apparition de la conscience et du langage humain. (« Ce qui est premier dans la genèse est dernier dans l'analyse. » Aristote). Le psychologue peut donc conjecturer qu'en abattant le gibier pourchassé, les paléanthropiens ne visaient pas uniquement à se procurer de la nourriture. De même, lorsqu'ils évoquaient la chasse dans leurs cavernes par le dessin, par le mime et par la danse, le rituel devait revêtir une signification profonde, celle d'un acte religieux. Les participants répétaient inconsciemment le meurtre sacrificiel initial perpétré au temps des commencements, ignorant que la mise à mort du monstre primordial était celle de leur chaos mental d'avant la pensée et d'avant le langage. Symbole de symbole, la chasse réitérait le processus qui a permis à l'homme primitif de devenir homme parlant et pensant.

LES MYTHES COSMOGONIQUES, MIROIRS DU FONCTIONNEMENT DE LA PSYCHÉ

Notre essai, fondé sur les lois de la psychologie, trahit la conception naturaliste de son auteur dont la tendance idéaliste, bien que relative de la connaissance (voir note 27) interfère avec une exégèse allégorique des récits mythologiques et des textes religieux. Qui n'adhère pas aux *vérités de la foi* ne peut qu'explorer la psyché humaine au risque de voir ses thèses exposées au reproche de psychologisme, ce qui fut le cas de celles de C. G. Jung. Mais comment approcher par d'autres moyens les mystères du monde et de l'homme ? L'adhésion à l'exégèse psychologique n'autorise pas, nous l'admettons, le déni de toute explication qui proviendrait d'autres sources telles que la récente mécanique quantique, la physique des super-cordes et ses univers parallèles, ses univers à *n* dimensions. Celui qui est dans l'ignorance ou celui qui doute et professe un idéalisme relatif n'est cependant pas un incroyant radical puisque, au minimum, il ne peut douter de sa propre existence ni de celle des autres ni de celle du monde, sinon tout dialogue avec l'univers, avec autrui et avec lui-même et, partant, toute connaissance deviendrait à jamais impossible. À défaut de telles certitudes minimales, aucune exégèse psychologique n'est concevable. La présente tentative d'explorer notre psyché par l'étude des mythes cosmogoniques n'est pas dépourvue de légitimité. L'abord de ces récits permet de percevoir dans leurs symboles et leurs allégories, l'écho

de ce qui s'est passé dans l'esprit de nos lointains ancêtres lorsqu'est apparue la lumière de la conscience,
notamment lorsque la conscience individuelle a fait place
à la conscience collective tribale. Nous ne nous sommes
pas étendus sur ce qui ressortit à la métaphysique et
aux phénomènes parapsychologiques. Comme dit plus
haut, nous avons également laissé à l'écart le domaine
mal connu du monde subatomique, dont les lois ne sont
plus celles de la physique classique, pour faire appel à
la psychologie des profondeurs, et particulièrement à
ses références à la mythologie. L'hypothèse que nous
avons privilégiée fait remonter au fait premier, au commencement créateur, c'est-à-dire à l'événement de la
naissance de la conscience humaine, l'orientation des
fonctions psychiques les plus significatives et les plus
prégnantes, celles qui ont présidé à l'élaboration des
mythes cosmogoniques comme des spéculations philo-
sophiques et religieuses. L'expérience originelle vécue
par nos ancêtres aurait laissé une empreinte indélébile
dans l'inconscient collectif de tous les hommes. Fixés
dans un noyau invariable et permanent dissimulé dans
la profondeur de nos structures neuro-organiques, les
archétypes coordonnés (psychoïdes) qui ont dicté le scénario des cosmogonies laissent entendre qu'un meurtre
ou un sacrifice est la condition de la naissance de l'être.
Leurs empreintes, comparables à celles qui composent
le mythème lévi-straussien, de même forme syntagmatique que celles du noyau langagier chomskien, pour-
raient-elles être identifiées à celles qui font la matière

des contenus du *nucleus significans*[28] jungien ? Dans cette structure nucléaire serait inscrite la première ligne d'un programme audacieux gravé au temps des commencements, faisant d'un chasseur obscur des premiers âges le vainqueur du chaos, le passionné de l'être, le conquérant de l'univers. Organisatrices des étapes de la *Création par le crime sacrificiel* inaugurée aux commencements, les instructions de ce programme seront pour ses descendants celles de la Création continue chaque fois qu'ils penseront, qu'ils s'exprimeront, qu'ils produiront des œuvres d'art ou qu'ils découvriront et appliqueront des nouvelles technologies. Sous le formalisme logique du syntagme sujet-prédicat qui articule les éléments du processus créateur tel que défini par notre mythologème primordial hypothétique, elles expriment la loi de la Création.

Nous faisons nôtre la conception selon laquelle sont réunis dans l'unité intrapsychique le héros et son adversaire, à l'exemple de l'unité qui fut celle de la psyché de nos lointains ancêtres lorsqu'ils ont vécu l'expérience archaïque, ce combat livré entre leur conscience naissante et le chaos de leur état psychique premier ? À cet égard, nous invoquerons une figure mythique qui incarne de façon singulière cette unité psychique, celle du dragon *hermaphrodite* Ouroboros des alchimistes — selon l'étymologie, celui qui mange sa queue. Tour à tour symbole de la continuité, de l'éternel retour, de la circularité et de la perpétuité du temps qui n'a ni commencement ni fin, ce serpent enroulé sur lui-même et qui dévore son appendice caudal, intervenait dans les phases de *l'œuvre* des alchimistes. Ces derniers l'identifiaient au Mercurius hermaphrodite, dieu créateur qui réunit dans le même être le sacrificateur et le sacrifié, le bourreau et la victime. Pour les alchimistes, le mercure ne renvoyait pas uniquement à l'élément appelé « vif-argent », mais au créateur du monde emprisonné dans la matière. « Il est l'un, le tout (ἐν το παν). Il se trouve au début et à la fin de l'œuvre. Il est l'alpha et l'oméga, la *prima materia*, la *materia confusa*, la *nigredo* (le chaos initial) et l'annonce du *lapis*, la pierre philosophale (l'être). Il est l'entité primordiale hermaphrodite qui se divise (séparation) pour former le couple frère et sœur et pour renaître sous la forme rayonnante du *lumen novum* du *lapis*. » (D'après Jung, 1970, p. 376-378). Selon un autre scénario, l'Ouroboros se féconde lui-même, se tue, procrée et renaît. Cette dernière interprétation évoque le thème mythologique des dieux immortels qui, désirant se renouveler, fécondent une mortelle pour renaître de leur épouse-mère. Dans cette situation dans laquelle le biologique et le spirituel sont intriqués, le fils et le père sont confondus, de sorte qu'il peut être dit que l'un et l'autre fécondent la mère. Dans le récit mythique, le dragon réunissant à lui seul tous les acteurs de cette thématique est à la fois le père concepteur qui féconde, la mère qui conduit la gestation jusqu'à la délivrance et l'enfant-père né de cette union incestueuse. Il est l'image fidèle de l'unité de la psyché englobant les complémentaires et les opposés. Rassemblés dans une seule et même figure, tous les rôles joués dans le mythe répondent à un archétype et à une composante de la psyché.

LE MESSAGE DES PALÉANTHROPIENS

Chacun s'émerveille devant les fresques de la grotte de Lascaux comme de maints autres sites préhistoriques et s'étonne du savoir-faire des auteurs de ces chefs-d'œuvre de l'art pictural, si accomplis dans l'exécution du trait et dans le raffinement des couleurs. Seul un élan mystique profond tel qu'il s'est manifesté plus tard dans l'art religieux de toutes les civilisations a pu susciter de telles splendeurs. Cette ferveur communicative trouve écho dans l'émotion dont est saisi le visiteur qui s'interroge sur le sens de cet art. Exception faite des mains peintes paléolithiques, les œuvres rupestres sont caractérisées par la prépondérance des figures animalières, au détriment de la représentation des végétaux et des figures humaines. Une telle fascination pour l'animal paraît trahir une motivation profonde. Apparues dans un monde où les objets, les actions, voire le cosmos entier étaient marqués par le sceau de la sacralité, ces productions auraient-elles une signification plus pénétrante que celle de la chasse elle-même ? Constitueraient-elles les éléments symboliques d'une mystique du gibier à décrypter ? Entre cette étape culturelle et celles qui vont suivre, une lente et progressive gestation va vraisemblablement s'opérer dans l'imaginaire et l'activité symbolique des hommes. L'aurochs deviendra animal mythologique dans le symbole du taureau mithriaque, puis à l'ère du Bélier, il y a plus de deux mille ans, dans celui de ce mammifère ovin qui fut substitué à Isaac pour être sacrifié à sa place, enfin, à l'ère chrétienne, dans celui de l'agneau divin, porteur des péchés des hommes, leur chaos intérieur, et qui sera immolé au cours du rituel de la messe.

Il n'est pas exclu que la fascination du paléanthropien pour les animaux et la présence prépondérante de ces derniers dans ses œuvres picturales répondent à une particularité étrange de la psyché inconsciente. Nous nous référons à l'ouvrage de M.-L. von Franz (2004, p. 283-285) et à ses interprétations de l'œuvre alchimique. Suivant les traces de son maître C. G. Jung et d'autres psychologues des profondeurs dont Gérard Dorn, alchimiste de la Renaissance, elle interprète le Grand Œuvre comme une réitération psychique de la cosmogonie, une sorte de répétition de l'expérience originelle et du développement de la conscience. L'auteur concède que l'alchimie ne fut pas simplement le stade précurseur de la chimie, mais qu'elle se définit comme « une référence à l'expérience originelle authentique d'une constellation archétypique inconsciente », « une sorte de réitération psychique intérieure de la cosmogonie », « une méditation qui, par le biais d'actions sur la matière, reproduit la création mentale du monde, c'est-à-dire l'éveil progressif à la conscience du monde et de soi à partir de contenus préconscients »[29]. Quant aux inventeurs des mythes de Création, « ils ont projeté leur expérience intime dans leurs récits, à savoir le processus psychique intérieur originel de la croissance de la conscience individuelle ». M.-L. von Franz signale le constat pour le moins singulier que fait celui qui s'intéresse à l'œuvre alchimique et qui consiste en *une inversion du processus de création* tel qu'il est relaté dans les cosmogonies. Ce processus qui est celui de l'évolution géobiologique de notre planète va du minéral au végétal puis à l'animal et enfin à l'homme pensant. Or, lors du renouvellement de la création mentale effectuée au cours de la démarche alchimique, le déroulement de la Création est retourné, l'évocation concernant d'abord les contenus inconscients les plus récents avant celle des plus anciens, exception faite du chaos indifférencié primordial. Cette évocation ne serait réalisable que par une remontée du cours du temps intériorisé, comme si les engrammes ne pouvaient être parcourus qu'à sens unique. « Pour l'alchimiste, qui en est à la phase du *mélanoses* ou *nigredo* (la noirceur), le chaos ou la *massa confusa* primordiale, la *materia prima*, apparaît en premier à la conscience. Puis viennent les représentants du règne animal, les animaux domestiques précédant de façon anachronique les bêtes sauvages mythiques. Ensuite, apparaissent les images des végétaux (l'arbre aux fruits d'or). Finalement, le but est atteint sous la forme d'un métal, d'un minéral, d'un cristal ou d'une pierre — l'or philosophique, le corps de diamant ou corps glorieux. Ce phénomène d'inversion, qui va de l'animal au végétal puis au minéral et au métal, s'observe également chez les patients qui se soumettent à une analyse psychothérapeutique et qui restituent dans leurs récits une image inversée de la représentation cosmogonique. Le sujet qui se soumet à la psycho-analyse ranime en premier lieu ses appétits sauvages, ses impulsions sexuelles, sa volonté de puissance, symbolisés par les animaux tels que requins, tigres, lions, serpents, loups, chiens. Puis surviennent des symboles de nature végétale traduisant une première unification et un premier degré de croissance de la personnalité. Plus tard apparaissent des symboles du mandala et de la pierre philosophale, attestant d'une consolidation de la personnalité par un affermissement de l'expérience intérieure et une stabilité de la relation entre le moi et le soi. » Pour l'alchimiste, dans ce processus inversé, le minéral, le métal, le cristal ou la pierre, aboutissement ultime recherché, n'appartiennent pas au domaine inorganique mais relèvent du registre spirituel de la psyché. La pierre, l'or philosophique, le corps de cristal, le corps glorieux, immortel, incorruptible et imputrescible se situent au terme d'une évolution axée sur la spiritualité. Le minéral qui marque le terminus de l'œuvre alchimique est investi d'un caractère spirituel, comme l'est la psyché elle-même, fleuron terminal de l'évolution. Dans ces différentes évocations cosmogoniques que suscite la pensée inconsciente, la mémoire remonte le cours du temps et ramène le sujet à des états antérieurs jusqu'au végétal et peut-être jusqu'à la naissance de la vie. Ces régressions psychiques obtenues par l'analyse, par la méditation ou par l'hypnose sont peut-être à l'origine des croyances orientales de la migration des âmes, de la réincarnation et des pratiques qui permettraient à la psyché de rétrograder à des *vies antérieures* en remontant le cours du temps.

Pour en revenir à l'art pariétal des lointains paléanthropiens, il n'est pas interdit d'imaginer que le primat des représentations animales qui ornent les grottes ait été imposé aux artistes de l'époque par cette particularité de l'inconscient observée dans les pratiques des alchimistes et les allégations des sujets psychanalysés. Bénéficiaires de dons voisins de ceux des chamans, ces artistes restituaient peut-être du processus cosmogonique inversé, le stade de l'évolution animalière. L'évocation de cette dernière, disséminée dans les cathédrales du paléolithique représente un instantané du développement de la pensée inconsciente, un moment de la spiritualité de l'homme et recélerait un message à déchiffrer. Confrontée aux représentations rupestres, la démarche du psychologue s'apparente à celle du paléontologue qui, à partir d'un seul fragment osseux, parvient à reconstituer l'organisme auquel il a appartenu et à localiser la place qu'occupe son espèce dans l'arbre phylogénétique. Les investigations de celui qui fouille les champs de la psyché se situent cependant sur un autre plan, celui du symbole. Au spectacle des scènes de l'art pariétal, il doit imaginer ce qui, aux niveaux antérieurs en a engendré le symbolisme, et interpréter l'exploitation ultérieure qui en sera faite par les mythes cosmogoniques.

L'événement évolutif unique de l'ascension humaine

a été défini comme l'accession à la conscience, au langage et à la connaissance à partir d'un chaos mental ou d'un néant cognitif initial. Il n'a pu s'accomplir qu'à la faveur d'un crime originaire, le sacrifice de la *chose*. Le caractère sotériologique de ce meurtre fondateur fait écho à une particularité de la vie elle-même qui renaît sans cesse de ses cendres. Si les individus sont sacrifiés, l'espèce subsiste, immortelle. Véritable *feedback* positif, pareil à celui qui alimente et entretient l'incendie, la vie, dans sa conquête ininterrompue et ses incessantes métamorphoses semble poursuivre un but imprévisible qui ne sera peut-être jamais atteint. Le héros des mythes est régulièrement vainqueur face au monstre du chaos. Celui qui est confronté à l'expérience de la mort imminente (EMI) choisit invariablement de retrouver son corps et de renaître.

Quoi qu'il pense, quoi qu'il fasse, chercheur, artisan ou artiste, par la pensée, par la parole ou par l'art, l'homme tue la chose et crée l'être. Le complexe réunissant le sacrificateur, le sacrifié et le sacrifice en un concept global, dans un macro-concept, pour reprendre le terme d'Edgar Morin, exprime le miracle de l'élévation évolutive. Celle-ci fit du prédécesseur de l'homme un être parlant et conscient promis au développement spirituel et au sublime. Sous le voile des mystères dissimulés dans les croyances et les mythes, se cache, reflet possible d'une transcendance universelle, une réalité immanente, le dieu Verbe, héros vivant de l'odyssée humaine, celle de l'homme en marche vers un destin qu'il ne connaît pas.

Le message que nous délivrent les paléanthropiens ne vient pas d'en haut mais d'en bas, du tréfonds de notre être et des profondeurs de notre histoire.

Pour illustrer le propos de cet opuscule qui traite des mythes cosmogoniques, laissant de côté les récits sérieux des grandes mythologies, nous ne citerons que deux mythes ou paraboles exotiques extraits de l'ouvrage de M.-L. von Franz, *Les Mythes de Création* (2004, p. 183-191).

UN MYTHE SYMBOLISANT LA SÉPARATION, CONDITION DE LA CRÉATION

L'ancien mythe de la création d'une île des Nouvelles-Hébrides rapporté par Sir Arthur Grimble (*A pattern of Island*, Murray, Londres, 1960) est reproduit sous la forme d'un conte. Faisant contraste avec les cosmogonies solennelles des grandes traditions religieuses qui relatent la *séparation* des eaux ou de l'éther primordial, il revêt la fraîche apparence d'un cartoon destiné à un public juvénile. Il peut être également qualifié de mythe anthropogénique, puisqu'il relate comment s'est modifiée la paléo-psyché au cours de l'hominisation, lorsque la lumière de la conscience éclaira les ténèbres de l'inconscient primitif. Nous restituons en abrégé ce récit qui comporte un préambule témoignant de la vacuité de l'état psychique premier des précurseurs de l'homme, l'*Obscurité* et le *Tout-Ensemble*, vide de contenus conscients, mais gros de tout l'univers en virtualité. Rappelant les bandes dessinées et les dessins animés prisés par le jeune lectorat, ce conte poétique raconte l'exploit créateur de Naareau le Jeune, aidé de ses amis les animaux.

« Naareau l'Ancien fut le premier de tous. Pas un homme, pas une bête, pas un poisson, pas une seule chose n'existait avant lui. Il ne dormait pas, car le sommeil n'existait pas ; il ne mangeait pas, car la faim n'existait pas. Il était dans le vide. Il n'y avait que Naareau, assis dans le vide. » Puis Naareau dit : « Je vais faire une femme. » Et voilà qu'une femme apparut, sortant du vide. Il dit encore : « Je vais faire un homme. » Et voilà qu'un homme apparut, produit de sa pensée. Le couple eut un enfant : Naareau le Jeune. Et Naareau l'Ancien dit à Naareau le Jeune : « La connaissance est tout entière en toi. Je vais faire une chose sur laquelle tu pourras œuvrer. » Il fit donc cette chose dans le vide et l'appela l'*Obscurité et le Tout-Ensemble*. Le ciel et la terre y étaient contenus, mais ils s'y tenaient enlacés, non séparés et l'obscurité était entre eux. Son travail achevé, Naareau l'Ancien dit : « Tout est prêt. Je m'en vais pour ne jamais revenir. »

Alors Naareau le Jeune marcha sur le dessus du ciel qui reposait sur la terre et parvint, avec peine, à se faufiler dans une faille. Il plongea son regard à l'intérieur. Il y faisait nuit noire ; le bruit d'une respiration, plutôt d'un ronflement, parvint à ses oreilles. Il frotta l'un contre l'autre le bout de ses doigts et la Chauve-Souris apparut. Il la nomma Tiku tiku toumouma. Il lui dit : « Ton regard perce l'obscurité. Va devant moi et dis-moi ce que tu trouves. » Elle dit : « Je vois des gens couchés, immobiles et ne disant pas un mot. Ils sont tous endormis. » Naareau dit : « C'est la compagnie des Idiots et des Sourds-Muets. Je vais entrer. » Il se mit à marcher sous le ciel, la Chauve-Souris le guidant dans l'obscurité. Debout au milieu des Idiots et des Sourds-Muets, il cria : « Que faites-vous ? » Aucun d'entre eux ne répondit. Il se dit alors : « Ils n'ont pas encore tous leurs esprits. » Il leur cria : « Bougez ! » Et ils bougèrent. Il répéta : « Bougez ! » Ils placèrent les mains contre le dessous du ciel. Il répéta : « Bougez ! » Ils s'assirent ; le ciel bougea un peu. Il dit encore : « Bougez ! Debout ! » Ils se mirent debout. De nouveau, il dit : « Plus haut ! » Ils répondirent : « Nous ne le pouvons pas, car le ciel plonge ses racines dans la terre. » Alors Naareau cria : « Où sont l'Anguille et la Tortue, la Pieuvre et la Grande-Raie ? Toi, Naabawe, va chercher Riiki, le congre. » Quand le congre arriva, Naareau lui dit : « Soulève le ciel sur ton museau, appuie sur la terre et fais-la descendre avec ta queue. » Quand Riiki commença à le faire, le ciel et la terre grognèrent, et il dit : « Peut-être ne désirent-ils pas être séparés ? » Alors Naareau, élevant la voix, chanta : « Entendez, entendez comme il gronde, le Tout-Ensemble de jadis ! Vite, glisse-toi, Grande-Raie, en son milieu, pourfends-le. Bombe le dos, Tortue, et fais-le céder. Étends tes tentacules, Pieuvre, pour le déchirer. » S'adressant aux quatre directions de l'espace, il ordonna : « Ouest, Est, séparez-les !

Nord, Sud, séparez-les. Soulève, Riiki, soulève, poinçon du toit, support du ciel. Il rugit, il gronde ! Pas encore assez disjoint le Tout-Ensemble ! » Lorsque la Grande-Raie, la Tortue et la Pieuvre entendirent les paroles de Naareau, elles se mirent à déchirer et arracher les racines du ciel qui s'agrippaient à la terre. La compagnie des Idiots et des Sourds-Muets se tenait au milieu. Ils riaient, ils criaient : « Il bouge. Voyez comme il bouge ! » Et pendant tout ce temps, Naareau chantait et Riiki poussait. Avec son museau, il poussa vers le haut et, avec sa queue, il poussa vers le bas ; les racines du ciel furent arrachées à la terre, elles se rompirent. Le Tout-Ensemble fut brisé en deux. Riiki se détendit ; le ciel se tenait très haut et la terre s'enfonçait. Au terme de ces péripéties, Naareau vit la compagnie des Idiots et des Sourds-Muets nageant dans la mer. Désirant créer la terre, il leur cria : « Touchez le fond, agrippez-le de vos mains et hissez-le, soulevez-le. » C'est ainsi qu'ils pêchèrent littéralement la terre de leur île. Ce thème du *plongeon cosmogonique* apparaît dans d'autres mythes cosmogoniques.

Comment ne pas voir dans le récit mythologique de cette tribu le processus même de l'hominisation ? Sur le fond d'un vide initial, symbole de la vacuité psychique originaire dans laquelle est assis Naareau l'Ancien, la conscience apparaît grâce à un phénomène psychologique indispensable : la séparation du moi et du hors-moi — du ciel et de la terre —, de l'intérieur et de l'extérieur. Les humains endormis dans l'animalité, idiots, sourds et muets se réveillent à la conscience et au monde. Le

Tout-Ensemble dans son *Obscurité*, allégorie de la totalité préconsciente ou inconsciente primitive, fera place à ses différenciations, au divers multiple, à ses polarités, ses dualités et ses oppositions : Père-Ciel et Mère-Terre, mâle et femelle, moi et hors-moi, intérieur et extérieur, sujet et objet, etc.

UN AUTRE MYTHE RACONTE LA DESTRUCTION OU LE SACRIFICE NÉCESSAIRE

Conçue par le philosophe taoïste Tchouang-Tseu appelé également « Zhuangzi » ou « Maître Zhuang » (350-275 av. J.-C.), cette autre parabole intitulée *La mort de Houan-Toun*, est rapportée par M.-L. von Franz (*ibid.*, p. 111-112). *Houan-Toun* signifie, chaos, inconscient, confus, non séparé, non différencié et représente l'inconscient qui a précédé l'éveil à la conscience d'*Homo sapiens*. La fable raconte comment le fait de rendre conscient Houan-Toun équivaut à tuer *Chaos-Inconscient*. Elle met en scène deux représentants de la conscience, bien typés et nettement polarisés puisque l'un nommé Chou est le maître des mers du Sud, l'autre Hou, le maître des mers du Nord. Houan-Toun, appelé « Chaos-Inconscient » occupe l'espace du milieu. *Chou* signifie : aux mille facettes, versatile insouciant et inconséquent, sans but précis. *Hou* est spontané, celui qui comprend vite et agit rapidement de façon précipitée, parfois inconsciemment. Ces deux figures mythiques au caractère opposé ne sont pas sans rappeler par certains côtés, les frères Prométhée et Épiméthée de la mythologie grecque antique. *L'inconséquent* et *le h*âtif se rencontraient souvent dans l'espace du milieu où ils fraternisaient avec *Chaos-Inconscient* toujours bien disposé à leur égard. Pour le remercier de son amabilité, ils décidèrent de lui offrir ce qui lui manquait et que tous les humains possèdent : sept orifices leur permettant de voir, d'entendre, de se nourrir et de respirer — les organes de la conscience et de la vie. Ils percèrent chaque jour un trou dans *Chaos-Inconscient* et, le septième jour, celui-ci mourut.

Polarisés par leur situation géographique et leurs différences, nos deux personnages conscients représentent les *coincidentia oppositorum* qui expriment cette complémentarité des contraires, chère au taoïsme et englobée dans le tout comme dans la totalité de la psyché. Leur comportement révèle le sens de la bévue qu'ils ont commise en voulant amener leur ami à la conscience. Ce conte démontre l'incompatibilité de la conscience et de l'inconscience, du dit et du non-dit. Je ne puis être à la fois conscient et inconscient, à la fois dans le cosmos et dans le chaos, à la fois dans l'être et le néant. L'accession à l'état conscient, symbolisée par la possession des sept orifices dont sont munis tous les hommes conscients, requiert obligatoirement la mort de l'état inconscient, en l'occurrence la mort de Houan-Toun alias *Chaos-Inconscient.* Nous y voyons une illustration parlante de la paraphrase qui fait l'objet du présent essai.

BIBLIOGRAPHIE

Diel P., *La psychologie de la motivation*, Paris, Payot &
Rivages, 2002

Dodds E. R., *Les Grecs et l'irrationnel*, Paris, Flammarion,
1977

Drewermann E., *De la naissance des dieux à la naissance du Christ*, Paris, Seuil (trad. française), 1992

Dumézil G., *Mythe et épopée* (I, II et II), Paris, Gallimard,
1995

Duponthieux M., *Les Mots de l'existentialisme*, Paris, El-
lipses, 1966

Eliade M., *Histoire des croyances et idées religieuses*, t. I,
Paris, Payot, 1976

Eliade M., *Histoire des croyances et idées religieuses*, t.
II, Paris, Payot, 1978

Eliade M., *Histoire des croyances et idées religieuses*, t.
III, Paris, Payot, 1983

Eliade M., *Le Sacré et le Profane*, Paris, Gallimard/Folio,
1987

Eliade M., *Aspects du mythe*, Paris, Gallimard, 1987

Eliade M., *Le Mythe* de l'éternel retour, Paris, Gallimard/ Folio, 1998

Eliade M., *Mythes, rêves et mystères*, Paris, Gallimard/ Folio, 1999

Eliade M., *Traité d'histoire des religions*, Paris, Payot, 1999

Guirand F. et Schmidt J., *Mythes et mythologie*, Paris, Larousse-Bordas, 1996

Jung C. G., *Psychologie et alchimie*, Paris, Buchet-Chastel, 1970

Jung C. G., *Les Racines de la conscience*, Paris, Buchet-Chastel, 1995

Jung C. G. et Kerényi C., *Introduction à l'essence de la mythologie*, Paris, Payot-Rivages, 2001

Jung C. G., *Synchronicité et Paracelsica*, Paris, Albin Michel, 1988

Jung C. G., *Essai d'exploration de l'inconscient*, Paris, Denoël/Folio, 1964

Jung C. G., *Psychologie de l'inconscient*, Chêne-Bourg, Georg éditeur, 1993

Jung C. G., *Mysterium conjunctionis*, t. II, Paris, Albin Michel, 1982

Lemaire A., *Jacques* Lacan, Bruxelles, Pierre Mardaga, 1977

Lévi-Strauss C., *Anthropologie structurale*, Paris, Plon, 1958

Piaget J., *L'Équilibration des structures cognitives*, Paris, PUF/Études d'épistémologie et de psychologie génétiques, 1975

Piaget J., *L'Épistémologie génétique*, Paris, PUF/QSJ, 1970

Scholem G., *Les Origines de la Kabbale*, Paris, Pardès, 1966 Conscientisation

Von Franz M.-L., *Les Mythes de Création*, Paris, La Fontaine de Pierre, 2004

Notes

1   En réaction face à la littéralité et au fondamentalisme de toute obédience.

2   Parmi lesquels C. G. Jung, Marie-Louise von Franz, Charles Kérényi, Jeanine Solotareff, Paul Diel, Eugen Drewermann sont les principaux représentants.

3   Le sujet : celui dont il est dit quelque chose, le prédicat : ce qu'il en est dit.

4   Entités situées à la frontière du neurologique et du psychique, les archétypes (psychoïdes) sont, à l'instar des instincts biologiques, de véritables guides *incognito et clandestins de nos pensées et de nos comportements. Intégrés dans l'inconscient archaïque que leur découvreur, Carl Gustave Jung, appelle inconscient collectif de l'humanité, ils sont transmis d'une manière ou d'une autre par voie héréditaire et habitent la psyché de chaque individu pour donner lieu à des images originelles ou représentations archétypiques.* L'hypothèse de l'inconscient collectif jungien lié aux structures d'un génome qui ne nous a pas livré tous ses secrets ne saurait impunément être écartée, compte tenu encore des inconnues que recèle la récente physique quantique. Jung expose sa conception de la genèse des archétypes ou des images originelles dans un court traité (Jung, 1993, p. 125 et *sq.*) : *les images originelles résultent de la « précipitation d'expériences répétées et perpétuellement renouvelées » comme la course quotidienne du soleil qui naît le matin et meurt le soir pour renaître le lendemain matin. Cette variation rythmée du phénomène cosmique est parallèle à la variation psychophysiologique de l'état conscient de veille alternant avec l'état inconscient du sommeil. On ne trouve dans l'inconscient, en effet, aucune trace du phénomène physique en tant que tel, de la marche du soleil, mais les images psychiques qu'elle a déclenchées, c'est-à-dire son intégration psychique. Ce qui est exprimé dans l'inconscient, c'est uniquement la représentation imaginative et subjective et non le phénomène physique qui l'a suscité. Le mythe du héros fait intervenir l'archétype du soleil et non le phénomène physique produit par cet astre. Les images originelles sont à disposition dans l'inconscient collectif lorsque des circonstances favorables les font surgir. L'expérience est purement mentale, intérieure, sans interaction avec le phénomène extérieur — la course du soleil. Les archétypes qui sont le résultat des empreintes imprimées de façon répétée de ces réactions subjectives représentent « une sorte de disponibilité ou de propension à reproduire toujours de nouveau les mêmes représentations mythiques ou images analogues. Participant des propriétés des systèmes vivants, ils sont*

une expression de la vie, une manifestation dont l'existence et la forme échappent à toutes les tentatives d'explication. N'étant pas uniquement le produit des empreintes laissées par les expériences au cours de l'existence individuelle et de la vie de l'humanité, ils se comportent comme des centres énergétiques puissants, comme des forces ou des tendances qui poussent le sujet qui les ressent à renouveler ces mêmes expériences. »
L'archétype fondamental est, dès l'origine, une forme ou un cadre jamais vide. Dans la perspective de notre hypothèse, l'expérience de la naissance de la conscience en serait, à titre de contenu, la première *concrétion ou le premier précipité qui, maintes fois reproduit, devait consolider l'apprentissage de l'accession à la conscience. Le processus que nous appelons expérience originelle, c'est-à-dire le passage à la conscience de l'inconscience inhérente à l'état psychique premier ou le passage des ténèbres à la lumière, a pu donner naissance aux nombreuses variantes de l'archétype des combats héroïques livrés par la psyché dans ses efforts répétés de conscientisation. Alors qu'à l'origine l'archétype fait corps avec cette expérience, par la suite, il sera remplacé par les divers contenus qui entreront dans le paradigme de ce thème — les équivalents symboliques : lumière, jour, héros apportant la lumière, etc.*

5 Mythologème : unité de signification minimale commune à plusieurs mythes, chaque mythe naissant de l'association de plusieurs mythologèmes. Ces unités ont valeur d'archétypes puisqu'elles recouvrent, en fonction d'un paradigme, les mêmes figures spirituelles sous des expressions différentes. Par mythologème, il faut entendre ce que Jung nomme *archétype* mais au sens plus large tels le mythologème ou l'archétype de l'enfant de filiation divine, né de l'union d'un dieu avec une mortelle — Héraclès, Asclépios, Persée, Dionysos, Hatchepsout, Amon, Bouddha —, le mythologème de l'enfant abandonné — Moïse, Persée, Œdipe —, le mythologème ou archétype du héros, etc. Pour le structuraliste Claude Lévi-Strauss, les unités signifiantes minimales isolables dans le mythe sont des unités constitutives qui se retrouvent sous la forme de *thèmes* de manière récurrente dans d'autres mythes. Les mythologèmes ou archétypes dans leur sens étendu (Jung) sont des formes sujettes à toutes les substitutions qu'autorise une polysémie symbolique respectant les limites d'une classe paradigmatique (d'après Encylcopædia Universalis). Pour utiliser une terminologie de la linguistique, ces mythèmes ou unités minimales seraient au récit mythique ce que le sémantème est au mythème, ce que le monème est au sémantème et ce que le phonème est au monème.

6 « L'espace-temps est conçu dans la spéculation indienne comme la succession à l'infini de mondes destinés à la destruction par des conflagrations cosmiques effroyables suivies de la naissance d'un monde nouveau. Le temps cosmique est rythmé par la répétition éternelle de créations et de destructions cosmiques selon une certaine périodicité, l'eschaton étant la condition d'une nouvelle Création. » (Eliade, 1998) Faut-il voir dans cette conception indienne une anticipation de la vision scientifique du Big Bang et du Big Crunch ? Le processus destruction/construction a été attribué à la divinité elle-même par le kabbaliste Isaac Luria dont la théorie du *tsim-tsum affirme que Dieu n'a pu créer le monde qu'en opérant un retrait d'une partie de Lui-même en Son sein. Nous avons, pour notre part, interprété cette conception en suggérant que le langage et la pensée consciente n'aient pu apparaître chez l'Homo sapiens qu'à la faveur d'un retrait fonctionnel de zones cérébrales primitivement affectées à d'autres offices chez son prédécesseur animal.*

7 Relevons qu'aussi bien le grec σοφια que le latin *sophia reconnaissent la même ambivalence sémantique et signifient la sagesse ou la connaissance. Le* σοφος *est à la fois un savant et un sage. Le vocable hébreu Hokma aurait-il cette même ambiguïté ?*

8 À titre d'exemples, nous citerons à la fin de cet essai deux mythes de Création provenant de civilisations éloignées, les Nouvelles-Hébrides et la Chine.

9 Le sacrifice du taureau, allégorie du reniement des instincts animaux est perpétué par la tauromachie, authentique messe sacrificielle en honneur dans les pays latins, à laquelle participe la collectivité tout entière dans une ferveur quasi religieuse, en union étroite avec l'officiant sacrificateur, le toréador en costume de lumière, substitut du héros mythique. En témoigne le *olé* crié dans un ensemble parfait avec force et conviction par toute la communauté. À l'ère zodiacale du taureau déjà, et vraisemblablement bien auparavant, les hommes étaient inconsciemment tourmentés par l'idée d'une régression à l'animalité mais aussi d'un salut assuré par un héros.

10 *Le Mahâbhârata* est le plus volumineux poème produit par l'humanité composé de plus de 90 000 vers répartis en dix-huit chants qui racontent la fin d'un *pralaya*, cycle cosmique marqué par la destruction d'un monde et par la renaissance d'un monde nouveau. Il relate les épisodes d'une guerre gigantesque organisée par Brahmâ dans le but de pallier les méfaits dus à la surpopulation de la terre. Les protagonistes appartiennent à deux

dynasties différentes : les cent Kaurava de la lignée des Kuru, descendants du roi aveugle Dhrtarâsta sont les méchants et les fils de Pându, les cinq frères Pândava sont les bons. L'aîné des Kaurava est l'incarnation du démon Kali, le démon de l'âge le plus mauvais. Les guerriers de la lignée Kuru sont tous des incarnations de démons, alors que leurs cinq cousins Pândava sont des fils des dieux Dharma, Vâyu, Indra et les deux Asvins. Le poème présente cette guerre comme une guerre d'extermination, une guerre de fin du monde terrifiante dont la structure eschatologique ne fait pas de doute. Il s'agit d'un conflit démesuré entre les forces du mal (chaos) et les forces du bien (cosmos), aboutissant au massacre des humains en masse et à la destruction du monde par le feu et par l'eau, suivie de la renaissance d'un monde nouveau. D'après M. Eliade (1978, p. 225 à 230). Cet épisode belliqueux rappelle les affrontements qui opposent les protagonistes des diverses cosmogonies. Dans l'épopée du *Mahâbhârata*, les héros civilisateurs vainqueurs sont représentés par le collectif des *bons* guerriers alors que leurs adversaires le sont par le collectif des *mauvais*. En un certain sens, l'eschatologie est un renouvellement, une régénération du monde au sens de la pensée archaïque. Vue dans la perspective d'un monde éternel où une destruction suivie d'une renaissance se répète à l'infini, la Création est en quelque sorte une anticipation de l'eschaton, lequel réitère ce même processus destruction/recréation.

11 La singularité invoquée par les physiciens désigne la *terra incognita* située derrière le « mur » de Planck qui démarque la fin de l'univers observable et mesurable.

12 L'androgynie primordiale est l'expression de la perfection à l'image de la sphère dont les points sont partout équidistants du centre (Platon). « Le mythe de l'androgyne sphérique rejoint aussi celui de l'œuf cosmogonique indifférencié. Suivant la tradition taoïste, à l'origine, les *souffles qui représentaient les deux sexes étaient confondus et formaient un œuf, le Grand Un, duquel se sont ensuite détachés le ciel et la terre. L'androgynie exprime la totalité, le tout, la coincidentia oppositorum (la coïncidence des contraires) et l'indifférenciation originelle. Elle n'est pas l'apanage des dieux. Les géants cosmiques, les ancêtres mythiques de l'humanité, Purusha, Adam sont aussi androgynes. [...] Il s'agit d'un archétype universellement répandu. » (Eliade (1999, p. 355).*

13 Synchronicité : occurrence de deux événements issus de deux chaînes causales différentes ou de deux hasards, liés uniquement par le sens et non

par la cause qui les a engendrés, avec cette restriction que ce sens s'impose uniquement à la personne qui les vit. Il est donc inutile de relier ces deux événements à une cause commune. Seul le sujet concerné par le phénomène voit un sens à ces « coïncidences signifiantes » qui se rapportent à son seul vécu. Jung en donne plusieurs exemples dont celui des oiseaux annonciateurs de mort (Jung, 1988, p. 39-40) : ayant décelé des symptômes d'une maladie cardiaque chez son patient, le psychanalyste l'adressa à un cardiologue qui trouva un status cardiovasculaire tout à fait normal. En retournant chez lui, l'homme s'effondra dans la rue et il fut ramené mourant à son domicile où il décéda. Son épouse raconta alors au médecin qu'à la mort de sa mère et de sa grand-mère, des oiseaux s'étaient rassemblés en grand nombre devant les fenêtres de leur chambre. Or, peu après le départ de son mari pour la consultation, une nuée d'oiseaux s'était posée sur le toit de la maison. Il semble que l'épouse du défunt avait « un savoir préexistant — concernant le décès imminent de son mari —, inexplicable par la causalité, concernant des faits qui ne peuvent pas encore être connus par la conscience ». À rechercher le fondement archétypique de ce phénomène, il est fait mention dans la mythologie que dans l'Hadès babylonienne, les âmes portent un vêtement de plumes et dans l'ancienne Égypte, l'âme — le *ba* — est représentée par un oiseau. Chez Homère, les âmes des morts *gazouillent* (*ibid.*, p. 111). Si le monde phénoménal ne devait être qu'illusion comme le professent certaines philosophies orientales, c'est-à-dire s'il ressortissait au monde de la psyché, il n'y aurait pas interférence entre la matière et la psyché mais rencontre de deux états psychiques. À la différence de l'Occidental, l'Oriental ne se demande pas quelle peut être la cause de tel événement ou de tel phénomène mais pourquoi ils surviennent en même temps.

14 En remplacement de la notion de sacré, Otto Rudolf (1869-1937) propose le concept de *numineux, qui comporte deux aspects inséparables : le numineux est mysterium tremendum, mystère du tout-autre qui effraye l'homme dans ses profondeurs, et mysterium fascinosum, mystère qui attire l'homme par une sorte de fascination. Toujours, devant le sacré, l'homme est à la fois attiré et repoussé d'une manière incompréhensible. Le numineux vit et se manifeste dans toutes les religions depuis l'animisme jusqu'au christianisme (Encyclopædia Universalis).*

15 Le terme neutre *brahman désigne l'essence de la caste brahmanique dont toute existence et toute connaissance dépendent. Le brahman, c'est aussi la syllabe sacrée Aum psalmodiée par les moines tibétains et qui est la cause de l'univers — symbole du Verbe créateur ? Le brahman est le tout/*

un, l'être premier, primordial, la conscience suprême et absolue, le soi suprême impensable, illimité, éternel, à la fois immanent et transcendant. Il est le monde entier et pourtant de nature spirituelle. « Il est en même temps mon âtman dans le cœur (soi individuel), plus petit qu'un grain d'orge et cependant plus grand que la terre, que l'atmosphère, plus grand que les mondes. » (Eliade, t. I, p. 252-253).

16 Le thème de la filiation divine se retrouve dans la mythologie de l'ancienne Égypte : Hatchepsout est la fille d'Amon et de la vierge Ahmosé que le dieu a couverte de son esprit et de sa lumière. Sa naissance est annoncée par le dieu messager Thot. La mythologie égyptienne sera en partie reprise par le mythe chrétien.

17 *Intellige ut credas verbum meum, sed crede ut intelligas verbum dei.* (Comprends afin de croire à ma parole, mais crois afin de comprendre la parole de Dieu.)

18 L'homme-dieu chrétien rappelle Mithra, divinité iranienne de la lumière et du salut, né d'un rocher ou d'une grotte, considéré comme le roi-sauveur porteur de l'espoir eschatologique, dont la naissance fut annoncée par une comète (Eliade, 1978, p. 294 et 309). Cité pour la première fois par Darios Ier (500 ans av. J.-C.), Mithra accomplit le sacrifice du taureau qui devait donner l'immortalité. La légende chrétienne de la nativité et le mythe de Jésus sont redevables à cette mythologie iranienne par les nombreux emprunts qui ont été faits à cette religion très répandue aux iiie et ive siècles, ce qui fit dire à Ernest Renan : « Si le christianisme eut été arrêté dans sa croissance par quelque maladie mortelle, le monde eût été mithriaque. » (*Marc Aurèle*, p. 579).

19 Pour Jean Chrysostome, docteur et Père de l'Église (*Homil. in Joh., XXII, 2*), auteur des *Catéchèses baptismales*, « *le baptême représente la mort, la sépulture, la vie et la résurrection [...]. Quand nous plongeons notre tête dans l'eau comme dans un sépulcre, le vieil homme est immergé [...], quand nous sortons de l'eau, le nouvel homme apparaît.* » « *La descente dans l'abîme des eaux pour un duel avec le monstre marin se réfère à celle du Christ dans le Jourdain, qui était en même temps une descente dans les eaux de la mort.* » Cyrille de Jérusalem écrit : « *Le dragon Béhémoth, selon Job, était dans les eaux et recevait le Jourdain dans sa gueule. Or, comme il fallait briser les têtes du dragon, Jésus étant descendu dans les eaux,*

attacha le fort, afin que nous acquérions la puissance de marcher sur les scorpions et les serpents. »

20 Ambivalence du latin *tollere* : porter sur son dos, endosser ou supprimer, effacer, ôter.

21 Ouvrage écrit il y a une vingtaine d'années par trois journalistes.

22 La psychose schizophrénique serait une régression au sein de l'être duplex, au terme de laquelle s'imposerait le primat du soi autonome sur le sujet socioculturel.

23 Peut-on penser sans les mots et se représenter les séquences de son vécu sous la forme d'images ou de scènes se déroulant en accéléré ? (A. Lemaire, p. 99 et 101). Si ce n'était le cas, la pensée, alourdie, encombrée de mots et de formes grammaticales serait considérablement plus lente qu'elle ne l'est en réalité. L'évocation du passé ne s'effectue-t-elle pas sous la forme de tableaux qui se succèdent à grande vitesse, certes avec de nombreuses lacunes, trous et déchirures ?

24 Le soi autonome et le sujet social existent-ils séparément ? Ou, à l'instar de tout phénotype qui est le produit d'un coïntégrat de déterminants génétiques et de facteurs péristatiques acquis, le psychisme humain est-il une entité unique et compacte, intégrée et intégrante, déterminée en partie par l'inconscient collectif jungien et en partie façonnée par le conscient collectif — l'ordre symbolique lacanien — ? Chacun sait que les topologies de la psyché, qu'elles soient freudienne, jungienne ou lacanienne relèvent de la métaphore, les différentes composantes du psychisme que l'on croit avoir isolées étant difficilement localisables dans l'espace anatomique cérébral. Pourtant, la distinction d'un conscient et d'un inconscient (Freud, Jung) comme celle d'un soi autonome inconscient lié à l'hérédité et d'un sujet social conscient tributaire de l'acquis (Lacan) sont commodes pour décrire le développement psychologique de l'être humain ainsi que les modalités de ses pathologies. Ces métaphores topologiques permettent alors de décrire plus aisément les dysfonctionnements psychologiques. Pour exemple, les fluctuations de la personnalité confuse du sujet atteint de psychose schizophrénique entraînent le primat du sujet autonome avec déficit de la sociabilité du patient et de son système de réalité, le contact avec le monde extérieur et la communication verbale avec l'entourage n'étant pas complètement rompus. Le soi autonome non médiatisé par

l'ordre symbolique et langagier revient sporadiquement au premier plan, au détriment du sujet social, du discours et de la culture qui est repoussé. Privé de la subjectivité propre au sujet social, incapable de faire la distinction entre le soi et le hors-soi qui l'entoure, le soi le plus intime est ramené à la relation autistique purement immédiate de soi à soi. Les signes et les symboles de l'ordre symbolique refoulés laissent place aux images d'avant le langage qui réapparaissent sous la forme d'hallucinations. Le sujet souffre alors d'une triple pathologie : d'un déficit du sens social par la perte des signes et des symboles ainsi que celle des obligations et des interdits institués par l'ordre symbolique, d'un déficit du système de la réalité et son cortège d'idées délirantes et enfin d'une pathologie de la liberté, le malade qui a perdu son autonomie devient tributaire d'une gestion hétéronome de sa personne par l'équipe médicale. Dans la situation extrême de ces désordres psychiques réalisée par le syndrome catatonique, le degré le plus élevé de la maladie, le contact avec le monde extérieur est quasiment coupé et la fonction langagière ramenée au stade de l'alalie comme s'il s'était opéré un mouvement de bascule au sein de la psyché, le soi autonome normalement *localisé* dans l'inconscient ayant pris la place en surface, du sujet social conscient, ce dernier étant refoulé et réprimé dans l'inconscient. Le traitement de cette maladie vraisemblablement due à des facteurs génétiques délétères souvent déclenchée par des déterminants de la péristase, aura pour tâche de viser par des mesures didactiques er rééducatives axées sur des activités cognitives en coopération avec autrui, à resocialiser le patient et à aider le sujet de la culture et du langage momentanément refoulé, à reprendre le dessus de cette situation renversante.

25 Le sujet n'ayant accès qu'aux contenus de sa conscience ne peut émettre une quelconque idée qui serait extérieure à cette dernière. La conscience n'étant pas un état mais un processus actif dans lequel sujet et objet sont en perpétuelle interaction, la relation épistémologique qui unit ces deux inséparables ne consiste pas à offrir au sujet un objet tout fait, *donné*, mais comporte un mouvement dialectique ininterrompu et corrélatif de construction et de l'objet et du sujet (cf. l'aspect constructiviste de l'épistémologie génétique de Piaget). La connaissance ne résidant pas en une simple lecture du monde extérieur mais en une construction progressive, une fois constituée, « elle est la seule certitude immédiate qui nous soit accessible en tant que réalité psychique représentée par les contenus de notre conscience au-delà desquels règnent le néant et le vide psychologique ». « Nous ne pouvons nous positionner en dehors ni à côté

de notre psyché. » (Marie-Louise Von Franz, 2004). Relevons encore que dans la relation épistémologique, seul le sujet est actif et mène le jeu. Telle fut l'opinion des éminents philosophes comme Parménide : « Penser et être sont les mêmes » ; Protagoras d'Abdère : « L'homme est la mesure de toute chose, de l'être des choses qui sont et du non-être de celles qui ne sont pas » ; Descartes : « Je pense donc je suis. » Ce présumé primat du sujet révèle une asymétrie qui existe, non pas au sein du couple sujet/objet sans cesse en équilibre instable, mais entre le sujet et la *chose extérieure inerte, muette, dépourvue de système nerveux et incapable de penser. Il serait justifié par l'anthropomorphisme qui définit la notion de causalité physique. Pour expliquer les mouvements et les comportements des choses extérieures, le sujet leur attribue ses propres opérations.* La terminologie des concepts de la physique classique en témoigne : *mouvement, force, travail, énergie.* Née de l'interaction de notre organisme avec le monde extérieur, notre connaissance du monde est le reflet incomplet, parfois erroné du monde tel qu'il doit être en réalité, voire illusoire comme le professent certaines philosophies orientales. Tantôt le sujet appréhende les qualités de l'objet pour les intégrer à ses schèmes, il s'agit alors d'une introjection objectivante ou *assimilation* ; tantôt il projette ses schèmes sur les choses extérieures pour les comprendre et c'est la projection, l'extraction subjectivante ou la *dissimilation*, le sujet étant dépossédé du contenu qui a été transféré sur l'objet. L'idéalisme inévitable lié à la connaissance définit le primat du sujet, non pas, comme dit plus haut, sur l'objet avec lequel se font les rééquilibrations, mais sur la chose extérieure à la psyché, la chose du monde en-soi — l'être-en-soi sartrien — non encore représentée intérieurement, mais qui est atteinte par l'*action* que l'organisme opère sur elle. Contrairement à l'objet passif, le sujet est seul actif dans le processus cognitif, de sorte que l'échange dialectique entre l'intérieur et l'extérieur est régi par l'action sur la *chose*. La dialectique du sujet et de l'objet, expliquée par l'épistémologie, ne présuppose donc ni le primat de l'un ni de l'autre, sujet et objet étant dans la tête de l'homme en équilibre sans cesse rompu et sans cesse rétabli. Rappelons qu'avant que n'intervienne l'action de l'organisme sur la chose du monde extérieur, cette dernière n'est qu'un point d'application potentiel de cette action, une non-entité, un *je ne sais quoi* inerte, inactif, sourd et muet, sans nom et au surplus dépourvu de toute connexion nerveuse et dans l'incapacité de produire la moindre structure cognitive, un néant cognitif. De toute évidence, sans la présence d'un monde extérieur à notre psyché, aucune connaissance ne serait possible faute d'interactions entre eux. Ce réalisme relatif est équilibré par l'idéalisme relatif du sujet, seul capable de construire ses connaissances. Piaget professait un relativisme épistémologique entendu comme une collaboration dialectique du sujet et de l'objet (constructivisme dialectique), tout en penchant pour le primat du sujet (Piaget, 1975). À ceux qui lui reprochaient son idéalisme épistémologique inavoué, il rétorquait : « Je ne puis pourtant pas me mettre dans la peau de l'objet. » Le réel matériel n'étant connaissable que par l'introspection de notre psyché, il sera le support de l'hypothèse nécessaire à la construction du sujet et de l'objet. Si la dialectique du sujet et de l'objet relève de l'épistémologie, la démarche cognitive se prolonge dans le domaine de l'ontologie. Elle aboutit à la création des êtres de notre monde mental, entités bien formées, bien différenciées, bien caractérisées auxquelles le langage a donné un nom — l'être pour-soi sartrien. En découvrant de nouveaux observables sur l'objet, au besoin en modifiant lui-même l'objet comme c'est le cas dans l'expérimentation scientifique, le sujet augmente son capital et son potentiel cognitif et se connaît mieux lui-même par retour vers lui des qualités nouvellement découvertes sur l'objet. Quant à l'objet, son approche demeurera toujours problématique, sa connaissance restant toujours incomplète, souvent erronée, voire illusoire pour les spéculateurs orientaux qui négligent l'objet jusqu'à l'ignorer. Il ne se passe pas de jours sans que de nouvelles observations scientifiques remettent en question le savoir établi dans les domaines des sciences de la nature — physique, astrophysique, physique subatomique, biologie, etc. — sans parler des grossières révolutions coperniciennes qu'a connues l'humanité comme celle du passage du géocentrisme à l'héliocentrisme. Notre quête du réel passe par le prisme non fiable de notre psyché. Il reste que l'expérimentation psychologique autant que physique est biaisée par le caractère limité de nos organes des sens et par l'imperfection de nos appareils de mesure. À cela s'ajoute l'intrusion de l'observateur qui, *nolens volens*, influence ou modifie les conditions de l'expérience. Ajoutons que la connaissance s'acquiert aussi par d'autres voies, par l'éducation et par l'imitation. En de telles situations, grâce au langage, le sujet bénéficie de la connaissance d'un autre sans avoir à la construire lui-même, faisant ainsi l'économie de cette construction. Cette modalité assurée par la vie en société revêt la valeur d'un raccourci cognitif et constitue un puissant accélérateur évolutif. Le langage qui concrétise et matérialise les contenus de la conscience permet l'échange des idées avec celui qui peut les décoder. Remarquons à cet égard que chaque individu, comme chaque ethnie, use de sa propre langue dont chacune rend compte d'une vision du monde qui lui est particulière, ce qui constitue un facteur supplémentaire de déformation du réel.

26 Dans l'hypothèse selon laquelle nous ne serions pas seuls dans l'univers, le même scénario universel pourrait se répéter d'un bout à l'autre du cosmos : sacrifice, création, salut. Un mythologème primordial identique au nôtre serait composé des mêmes paradigmes, dont seuls les équivalents symboliques seraient différents, la structure et l'histoire de civilisations exotiques par rapport à celle de notre planète pouvant donner lieu à des contenus les plus imprévisibles. Selon la même hypothèse, celle qui consiste à conférer au mythème primordial spécifiquement humain, mais supposé d'origine cosmique, les trois aspects qui conditionnent le destin de l'homme, nous pouvons imaginer que d'éventuels êtres pensants et conscients peuplant d'autres mondes vénèrent tout comme nous leurs dieux destructeurs, créateurs, et libérateurs du chaos. Comme nous, ces êtres seraient censés imiter par leurs rites, le comportement de leurs divinités et, comme nous, ils marcheraient au rythme binaire de l'univers, ignorant comme nous qui bat la mesure.

27 L'inconscient du sujet de sexe masculin est habité par *l'anima, ou féminité inconsciente, archétype de la femme qui naît dans l'image de la mère et qui sera projeté sur les autres femmes. Il a son pendant dans l'inconscient de la femme : l'animus, ou principe masculin lié au père et destiné à être appliqué aux autres figures masculines.* Cette ambivalence psychologique est celle du *mysterium coniunctionis, le mystère de la conjonction*, ou réconciliation des opposés et subséquemment celle que révèle le mythe de l'hermaphrodite, expression dont la sémantique réunit le dieu Hermès et la déesse Aphrodite. La *syzygie*, terme appartenant à l'astronomie et qui désigne la conjonction ou l'opposition de la lune avec le soleil symbolise pour les alchimistes la fusion du masculin et du féminin. Le *hiérosgamos* (mariage sacré) fait allusion au mariage des métaux effectués par les adeptes du grand œuvre qui recherchaient à tâtons la production de l'or philosophique. L'union du roi Soleil et de la reine Lune donne naissance à l'enfant hermaphrodite, le Rebis à deux têtes, confondu avec le Mercurius, le messager des dieux. La doctrine secrète de l'union des opposés gravée sur la table d'émeraude (la *tabula smaragdina*) que nous a léguée Hermès Trismégiste (trois fois très grand) dit que « ce qui est en haut est comme ce qui est en bas » et « ce qui est en bas est comme ce qui est en haut ». Le concept de *coincidentia oppositorum*, expression de la bipolarité de la divinité désigne en effet cette dernière comme étant paradoxalement bienveillante et terrifiante, tour à tour douce et terrible. Il traduit clairement l'ambivalence du Verbe de notre mythème primordial qui est à la fois destructeur du néant et créateur de l'être. La bipolarité divine n'est donc

pas une projection de celle de l'homme en sa complexité psychologique achevée mais celle de l'homme des commencements qui l'a actualisée en vivant l'expérience originelle de la naissance de la conscience créatrice de l'être par le meurtre de la chose. Parfois le mythe l'exprime en mettant en scène deux figures mythiques créatrices du monde : le couple des jumeaux Ahriman et Ormandz est engendré par Zervan, le dieu ailé androgyne de la mythologie iranienne. Ahriman est le dieu du mal et des ténèbres, Ormandz, né de la lumière, le dieu du bien. (Eliade, 1999, Paris, Payot, p. 354,)

28 Jung s'interroge sur l'origine des archétypes (Jung, 1964, p. 123) : « Où et quand ce thème — héros, sauveur, Rédemption, mort/résurrection — a pris naissance est un mystère » ; ailleurs (Jung, 1971, p. 297), il écrit : « L'aspect de supplice et de châtiment correspond à une conscience réflexive juxtaposée à laquelle le sens véritable du démembrement est encore incompréhensible. » Dans Jung et Kérényi (2001, p. 126-128), on peut lire ces lignes : « Des contenus de la nature des archétypes sont les signes manifestes d'activités dont le siège est l'inconscient collectif. Ils ne se rapportent donc à rien de conscient dans le présent ou le passé, mais à de *l'essentiellement inconscient*. » « En dernière analyse, il n'est donc pas possible d'affirmer à quoi ils se rapportent [...]. Leur sens définitif et fondamental peut être paraphrasé, mais non pas décrit. Il faut dire, toutefois, que le seul fait de la paraphrase représente déjà un progrès notable dans la connaissance de la structure préconsciente d'un psychisme qui existait à une époque où la conscience de l'unité individuelle n'existait pas encore — elle n'est pas encore un acquis certain chez l'homme primitif contemporain —, où il n'y avait pas même à proprement parler de conscience individuelle [...]. La question ne se pose plus de savoir si un mythe se rapporte au soleil ou à la lune, au père ou à la mère, à la sexualité, au feu ou à l'eau, il s'agit seulement de paraphraser et de caractériser approximativement un *nucleus significans* inconscient. Le sens de ce *nucleus* n'a jamais été conscient et ne le sera jamais : il fut et sera toujours uniquement interprété — par une paraphrase, un aphorisme. Toute interprétation qui arrive plus ou moins approximativement au sens caché — ou à son non-sens, ce qui revient au même — a, de tout temps, émis la prétention non seulement d'être l'expression de l'absolue vérité et d'être seule valable, mais encore a exigé d'être considérée avec respect et même avec dévotion religieuse. Les archétypes étaient et sont (toujours) les forces vitales qui demandent à être prises au sérieux et qui prennent soin aussi, de la façon la plus bizarre, de se faire valoir. Ils ont toujours été protecteurs et sauveurs [...]. Quoi qu'exprime le contenu du genre archétype, c'est en

premier lieu une parabole linguistique. S'il parle de soleil et l'identifie au lion, au roi, au trésor gardé par le dragon, ou à la force vitale et à la *santé* de l'homme, ce n'est ni l'un ni l'autre, mais quelque *tiers inconnu* qui peut s'exprimer de façon plus ou moins adéquate par toutes ces paraboles mais qui — et cela restera toujours un défi pour l'intelligence — demeure inconnu et inexprimable. »
Le mythème primordial proposé dans cet essai sous la forme d'une paraphrase, pourrait-il faire la matière de ce contenu du genre archétype se rapportant à quelque *tiers inconnu* ? Le *sens caché* de ce mystérieux *nucleus significans* serait-il à chercher dans l'expérience originelle de l'homme préhistorique : le combat pour la naissance de la conscience dans la psyché des paléanthropiens ?

29 « Lorsqu'il travaillait à ses expériences alchimiques, l'adepte vivait certaines expériences psychiques qui lui apparaissaient analogues au déroulement propre au processus chimique. Plus précisément, il vivait ses projections comme des propriétés de la matière. Pour expliquer le mystère de la matière, il projetait un autre mystère — son arrière-plan inconscient inconnu — sur ce qu'il fallait expliquer, ce qui justifiait la croyance de la présence de l'idée dans la matière. Les lois qu'il croyait découvrir dans celle-ci étaient en fait celles de sa psyché, de son propre inconscient qu'il projetait sur elle. D'où la formule utilisée par les alchimistes pour qualifier la méthode de leur art : *Obscurum per obscurius (l'obscur par le plus obscur) et ignotum per ignotius (l'inconnu par le plus inconnu), formules qui font contraste avec celle de la méthode scientifique rationnelle qui prescrit d'aller du connu à l'inconnu. Réunies à l'origine dans un tout indifférencié englobant la chimie et la philosophie, ces deux dernières disciplines se sépareront au* xviie *siècle, la première devenant une science de la nature, la seconde se vouant aux spéculations en négligeant les facteurs empiriques.* » (Jung, 1970, p. 297-298)